井上円了

Enryo Inoue

その哲学・思想

竹村牧男

Makio Takemura

春秋社

まえがき

近代日本の黎明期に、「知と行動の巨人」と呼ぶべき人物がいました。その名を井上円了といいます。円了は、必ずしも世に広く知られているわけではありませんが、彼の事績をたどり、その学問的業績を探索してみると、知れば知るほど実に偉大な存在であることがわかり、日本の近代化の過程を振り返るに忘れることのできない存在であることがひしひしと迫ってくる思いに駆られます。

井上円了は、ちょうど明治維新の一〇年前、一八五八年、今は新潟県長岡地方の一寺院に生まれました。長じて東京大学文学部哲学科に学び、学生時代から先輩らを統合して哲学会を組織し、日本の哲学研究の先鞭をつけたのです。若くして私立哲学館を興し、広く民衆を対象とした教育活動を始めました。哲学館はやがて明治三七年、哲学館大学（後に東洋大学）へと発展するも、円了は明治三九年に同大学を退き、その後は現在、東京都中野区にある哲学堂を拠点としつつ、全国を講演してまわって、社会教育活動に一身を捧げました。その講演の回数は、何と五〇〇〇回以上にも上るほどでした。そのようにこの現実社会を疾走し続けていた円了は、大正八年、中国の大連で講演中に倒れ、この世を去りました。享年、六二歳の生涯でした。

注目すべきは、井上円了が明治二一年、明治三五年、明治四四年と、生涯に三度も世界視察旅行を敢行していることです。最後の旅は、北欧や南半球をめぐるものであり、この三回の旅行で円了はほぼ地球のすみずみまで歩いたのでした。もちろん、その旅において得られた知見や体験をふまえ、その汲むべきところを哲学館の教育活動に次々と反映させていきました。円了が当時にあって、いかに実体験をふまえた国際派であったか、また、国内の講演活動も含めいかに精力的な行動派であったか、が偲ばれます。

井上円了は少年時代から深くものごとを考えることしばしばであったようです。東京大学で西洋哲学を学んで、そこに自己の人生を託すに足る思想を見出すとともに、その観点から仏教を顧みて、そこにはつとに同等の真理が語られていたことを発見します。以来、円了にとっては哲学と仏教とが、彼の精神的背骨となったことでしょう。後に円了は、哲学は活動主義に帰着するとし、「活動はこれ天の理なり、勇進はこれ天の意なり、奮闘はこれ天の命なり」と唱えました。また、自らの使命を、哲学の通俗化に置くのでした。

ただし円了の学問は、それだけに閉じられたものではありません。仏教に関しての研究も広く深く、さらに宗教学、倫理学、心理学、教育学等々、人文学系のあらゆる分野で、円了は先駆的な業績を上げているのです。のみならず、円了は哲学・宗教学・心理学・医学等々、関連するすべての学問を動員して、この世のありとあらゆる不思議現象の解明に挑戦したのでした。いわゆる「妖怪学」の確立です。それは、当時の民衆の間にはびこっていた迷信を退治して先進的な近代国家への道を開こうとするものでありました。

しかしその巨大な学問体系はそれだけでもなく、円了の妖怪学の目的は、「仮怪を去りて真怪を明らかにする」、つまり真実の不思議、神秘を究明するところにあったのです。では真怪とは何かといえば、円了は「清風明月」であるといいます。いま・ここの、ありのままの一事実が究極の神秘だというのです。ここには、円了の果てしなく深い宗教哲学が見られます。

このように広範な分野で偉大な業績、足跡を残した井上円了について、世にお化け博士等とは知られていても、その多彩で優れた活躍はいまだ広くは知られてはいないように思われます。そこで、主に井上円了の主要な哲学・思想や教育理念等について、私がこれまで東洋大学の刊行物や国際井上円了学会等において発表した拙稿に、新たな追補等も行って一書にまとめ、円了の真髄の一端をご紹介しようと思った次第です。日ごろ忙殺される中、十分な調査等はできずじまいで、本書の内容も円了の大海の一滴二滴に過ぎず、残された研究課題も多いものではありますが、それでも円了の思想面について、その深みを多少は紹介できたかと思います。

というわけで、ぜひ本書を通じて一般市民の方々はもちろん、たとえば仏教教団の僧侶の方々、および東洋大学の学生並びに保護者の方々、とりわけＯＢ・ＯＧの方々には、東洋大学創立者のきわめて力強い思想にふれ、今後の人生に生かしていただきたいと念願するものであります。

最後に、本書の刊行にご尽力くださった春秋社の神田明会長、澤畑吉和社長、佐藤清靖編集取締役、編集部・豊嶋悠吾氏、およびご協力くださった東洋大学井上円了博物館学芸員・北田建二氏、ならびに東洋大学関係者に心より御礼申し上げます。

東洋大学創立一三〇周年の九月一六日に

つくば市故道庵にて

竹村　牧男　記す

井上円了——その哲学・思想

目　次

井上円了——その哲学・思想

第一章　井上円了の生涯

（1）少年時代の頃

井上円了（一八五八～一九一九）は、安政五年（一八五八）二月四日（新暦三月一八日）、現在の新潟県長岡市浦（越後国長岡藩西組浦村）の、慈光寺という東本願寺系統のお寺に、長男として生まれました。父は井上円悟、母はイク（同じ東本願寺系の魚沼郡千手村の栄行寺の出）、兄弟姉妹は、円了も入れて七人いました。幼名を岸丸といい、のち少年の頃には襲常《ともつね》という名を得、得度の後、円了と改めました。一方、遷化したのは大正八年（一九一九）六月六日で、平成三〇年（二〇一八）には百回忌を迎えることになります。

すでに円了は数えで一〇歳のとき（慶応三年、一八六七）、蘭医の石黒忠悳《ただのり》の漢学塾（三島郡片貝村字池津村）に入り、中国古典を勉強しています。学んだ書物は、『孝経《こうきょう》』『大学《だいがく》』『中庸《ちゅうよう》』『論語《ろんご》』『孟子《もうし》』『周易《しゅうえき》』『毛詩《もうし》』『尚書《しょうしょ》』『礼記《らいき》』『文選《もんぜん》』などでした。たいへんよく勉強する子で、頭脳も群を抜いて明晰であったとのことです。ある冬の日、雪が降りしきるような天候の折、他の塾生は誰も来なかったのに、円了ひとり、危険も顧みず塾に来て学んだというエピソードが残っています。明治二年（一八六九）春、石黒忠悳は上京することになり、その後は慈光寺の門前に住んでいた旧長岡藩士の老儒者である木村鈍叟についてさらに日本史・漢詩・漢学等の勉強を続けますが、それは明治五年（一八七二）暮まで続きました。この間、学んだ書物として、『日本外史《にほんがいし》』『日本正文伝』『国史略《こくしりゃく》』『史記《しき》』『文章軌範《ぶんしょうきはん》』『孔子家語《こうしけご》』『春秋左氏伝《しゅんじゅうさしでん》』『世説《せせつ》』『荀子《じゅんし》』『唐詩選《とうしせん》』『三体詩《さんたいし》』等があげられています。また自ら『古事記《こじき》』などとともに『万国新話《ばんこくしんわ》』、エリテツ『地球説略《ちきゅうせつりゃく》』、ワシン『博物新編《はくぶつしんぺん》』、福沢諭吉『西洋事情《せいようじじょう》』などを読んでいたということです。

明治五年は円了が数えで一五歳のときですが、すでに『襲常詩稿』を編み、八五首を収録しています。中に「浦里開学集小児、読書終日勤孜孜、午前共語支那語、午後相伝英米詞」（浦里に学を開いて小児を集む、読書終日勤めて孜々たり、午前は支那語を共に語り、午後は英米詞を相い伝う）という詩もありますから、当時の日本の文明開化の風潮の中で、西洋への関心も次第に高まっていたことでしょう。

明治六年（一八七三）五月より八月まで、英語塾の高山楽群社に入学し、英学を学び始めます。その後も、『自由の理』『西洋夜話』『五洲紀事』『西洋史記』等々、多くの書物を読破しています。翌年五月、長岡洋学校（明治五年一一月二三日創立。円了入学時には、新潟学校第一分校）に入学、さらに西洋の知識を吸収していきます。ここで円了は、明治八年（一八七五）末までに、バーレー『万国史』、ミッチェル『大地理書』、クイケンブス『大米国史』、マルカム『英国史』、グードリッチ『仏国史』、同『羅馬史』、ウエーランド『大経済書』等々、多くの洋書を学び、かつ数学も修め、また東洋の伝統的学問も自習しました。この長岡洋学校は旧藩の子弟が多く、その者らは他の者らとの垣根を作るような風であったので、円了は先輩らと相談して校内に「和同会《わどうかい》」を結成、学生同士の融和に努めました。この会誌『和同会雑誌』に、円了は「智徳と富貴との関係を論ず」「功業は富饒の基に由りて成るか貧困の中より生ずるか」「自由と放恣の弁」等々多くの文章を寄せていますが、中に「狐火《きつねび》の理」などもあって、後に妖怪学を展開していく始原を見ることができます。なお、学習面でも優秀な成績を示し、よく校長を助け、明治九年（一八七六）九月一日から句読師《くとうし》に挙げられ、教授の助手を務める傍ら、寄宿舎の舎監ともなるほどでした。

（2）東京大学での勉学

その後、英語を学び秀才の誉れ高い円了に対して明治一〇年（一八七七）六月、東本願寺から「至急上洛せよ」との御下命があり、円了はいったん浦村に帰りますが、翌七月には京都東本願寺の教師教校の英学生に転じます。英学生は、全国から教師教校に集まっていた寺門の秀才子弟二五名の中で、さらに選抜されたものでした（新たに設置された英学部に招集された五人のうちの一人です）。ここで円了は、洋学を学ぶとともに、在校生一一名と「一一社」を結成、毎日曜に会合を持って、詩と哲学などについて大いに論じ合うのでした。

やがて、その優れた才能が評価され、明治一一年（一八七八）三月、本願寺の給費による留学生として上京するように命じられます。実際に上京したのは、その二週間後でした。当時の東京は、まさに文明開化の一色に染まっていた時代でしょう。

この年九月、数えで二一歳の時、東京大学予備門に入学、そして明治一四年（一八八一）九月、東京大学文学部哲学科に入りました。このとき、哲学科の学生は一人だったといいます。

東京では、旧師の石黒忠悳をよく訪ね、また続いて上京した他の東本願寺留学生等ともよく交わりました。東京大学の学生時代、図書館や寄宿舎でひたすら勉強を重ね、一方、運動会や演芸会などでは大いに活躍して注目を集めました。学識の深さと弁舌のさわやかさは、他の学生を圧倒するほどでした。

ここで、この頃の円了の思想遍歴について、見ておきましょう。円了は『仏教《ぶっきょう》活論序論《かつろんじょろん》』に、次のように書いています。

しかれども、余あえて初めより仏教の純全の真理なることを信ぜしものにあらず。未だその純全の真理なることを発見せざるに当たりては、あるいはかえってこれを非真理なりと信じ、誹謗排斥することすこしも常人の見るところに異ならず。余はもと仏家に生れ、仏門に長ぜしをもって、維新以前は全く仏教の教育を受けたりといえども、余が心ひそかに仏教の真理にあらざるを知り、顱《かしら》を円にし珠を手にして世人と相対するは一身の恥辱と思い、日夜早くその門を去りて世間に出でしことを渇望してやまざりしが、たまたま大政維新に際し一大変動を宗教の上に与え、廃仏毀釈の論ようやく実際に行わるるを見るに及んで、たちまち僧衣を脱して学を世間に求む。

(『仏教活論序論』、『井上円了選集』（以下、『選集』）第三巻、三三六頁)

このように、円了は、お寺に生まれたにもかかわらず、仏教はうさんくさいもの、そこに真理はないと考えており、また僧職そのものにも疑問を持っていたことが知られます。江戸時代当時の寺院仏教は、寺請制度《てらうけせいど》（寺檀《じだん》制度）、本末制度などにより幕府が世俗社会を支配する体制を補完する勢力となることが求められていて、本来の宗教団体のあり方とはどうも異なると直感していたのかもしれません。明治維新は、一八六八年で、円了が一〇歳のときのことでした。東京大学予備門には、明治一一年（一八七八）、東本願寺の留学生として入学したのですから、「たちまち僧衣を脱し」たとは言い難いとも思うのですが、心の内はそのようだったのでしょう。

東京大学予備門時代（明治12年、東洋大学井上円了記念センター蔵）

円了は仏教以外に真理を求めて、当初、儒学を五年間学んだといいます。しかしそれに満足できませんでした。そこには真理はないと思ったというのです。

その後、明治六年（一八七三）に至って、西洋の学問の勉強を始めます。すでに長岡に洋学校が存在していて、そういう環境が洋学への転向をうながしたのでしょう。こうして、実はキリスト教に真理を求めるという深い欲求もあって、もっぱら英語を学ぶなどするのですが、円了としてはキリスト教にも真理を見出すことはできませんでした。円了は、仏教に代わる、新たな宗教を起こしたいとさえ考えていたようなのですが、キリスト教も頼りにならないと考えるほかなかったわけです。

その後、東京大学において、哲学を学ぶことになったのでした。東大の哲学科では、フェノロサ（一八五三〜一九〇八）により、スペンサー（一八二〇〜一九〇三）の思想や、またヘーゲル（一七七〇〜一八三一）等のドイツ観念論などを学び、一方で原坦山《はらたんざん》（一八一九〜一八九二）より『大乗《だいじょう》起信論《きしんろん》』、吉谷覚寿《よしたにかくじゅ》（一八四三〜一九一四）より仏教教理の基礎（『八宗綱要《はっしゅうこうよう》』など）や天台教学を学びます。この学習・研究の中で、円了はついに哲学に、自分の求める真理があることを見出します。さらにその哲学に見出した真理の立場から仏教を見直したとき、すでに仏教にも同じことが説かれていたと気づいて、心から喜びます。このことについて、円了は次のように語っています。

すでに哲学界内に真理の明月を発見して更に顧みて他の旧来の諸教を見るに、ヤソ教の真理にあらざることいよいよ明らかにして、儒教の真理にあらざることまたたやすく証することを得たり。ひとり仏教に至りてはその説大いに哲理に合するをみる。余ここにおいて再び仏典を閲《けみ》しますますその説の真なるを知り、手を拍して喝采して曰く、なんぞ知らん、欧州数千年来、実究して得たるところの真理、早くすでに東洋三千年前の太古にありて備わるを。しかして余が幼時その門にありて真理のその教中に存するを知らざりしは、当時余が学識に乏しくしてこれを発見するの力なきによる。ここにおいて余、始めて新たに一宗教を起こすの宿志を断ちて、仏教を改良してこれを開明、世界の宗教となさんことを決定するに至る。これ実に明治十八年のことなり。これを余が仏教改良の紀年とす。

（同前、三三七頁）

明治一八年（一八八五）は、東大哲学科を卒業する年です。この時には、哲学と同等の真理を仏教は語っていると確信していたといえるでしょう。では、それはどういう点においてだったのでしょうか。その要点をいえば、ヘーゲルの相対と絶対とが不離（不二）なるゆえんを証したことを高く評価し、さらに「仏教に立つるところのものはこの両対（相対と絶対の二つの対）不離説にして、ヘーゲル氏の立つるところに少しも異なることなし」ともいいました（『真理金針』続々編。明治二〇年（一八八七）一月。『選集』第三巻、三〇五頁）。ヘーゲルの相対と絶対が不二だという立場は、仏教において『大乗起信論』の生滅門《しょうめつもん》（相対）と真如門《しんにょもん》（絶対）とが不一不二《ふいつふに》であると説くことに見出されますし、さらに天台《てんだい》や華厳《けごん》の哲学にも見出されるものです。円了の思想遍歴は、ここに到達してようやく落ち着くことができたわけです。

こうして、青年、円了は、

仏教　↓　儒教　↓　ヤソ教（キリスト教）↓　哲学　↓　仏教

という真理探究の経過をたどったことになります。

なお、東京大学在学時、すでに、「哲学と宗教との関係は、それを結論するに、両者はついに統一されて宗教となるべし。しかもそは哲学にあらず、宗教にあらず、哲学的宗教すなわち円了教これなり」と述べていたといいます（『学祖井上圓了先生略伝・語録』、京北学園、一九四七年、九頁）。やはり寺に生まれた円了の根本的関心は、仏教をいかに近代化し、あるいは新たな宗教とするかにあったことがうかがえます。

円了は東大在学中の明治一五年（一八八二）頃から、友人や先輩諸氏と文学会を作り、毎月、研究会を行って、カント（一七二四〜一八〇四）・ヘーゲルなどの研究に励みました。さらに明治一七年（一八八四）には哲学会を発足させ、それには会長・加藤弘之《かとうひろゆき》（一八三六〜一九一六）、副会長・井上円了、会員に井上哲次郎《いのうえてつじろう》（一八五五〜一九四四）、有賀長雄《ありがながお》（一八六〇〜一九二一）、三宅雄二郎《みやけゆうじろう》（雪嶺、一八六〇〜一九四五）、棚橋一郎《たなはしいちろう》（一八六三〜一九四二）などがいました。明治二〇年（一八八七）二月には『哲学会雑誌』の創刊号を刊行（後に『哲学雑誌』となる）、円了はここに「哲学の必要を論じて本会の沿革に及ぶ」の論文を発表しています。

また、明治一七年夏頃には、妖怪学研究の必要性を訴えることをしており、不思議研究会の結成を目指しています。不思議研究会の第一回は、明治一九年（一八八六）一月二四日、大学講義堂において開催されています。ただこの会自身は、円了が病気がちで十分に世話できなくなり、間もなく休会するに至っています。

円了は明治一八年（一八八五）七月、哲学科の課程を終えました。東京大学（明治一〇年四月一二日設立）は明治一九年三月、帝国大学に改組されますので、円了と同じくそれまでの東京大学の哲学科を卒業した者は、他に二名（有賀長雄・三宅雄二郎）のみです。円了が提出した卒業論文は「読荀子」であり、文学士の称号が授与されたのは、明治一八年一〇月三〇日でした。円了は首席で卒業し、学位授与式において全学科四七人の総代として学位記を受けとりました。

そのほんの少し前、一〇月二七日、第一回の哲学祭を開催しています。これは、孔子《こうし》・釈《しゃ》迦《か》・ソクラテス・カントを哲学の四聖として祭るもので、このとき、渡辺文四郎画伯に四聖の絵を描いてもらい、中村正直《なかむらまさなお》（敬宇。一八三二〜一八九一）に讃を書いてもらった軸を作って、これを掲げて祭を行いました。以来、毎年一〇月二七日に必ず四聖を祭る哲学祭を開催することになっています（ただし今日では、一一月初めの土曜日に行っています）。なお、明治二六年以降は橋本雅邦画伯による四聖像等を大学講堂に掲げて哲学祭を行いました。

（3）私立哲学館の創設

東京大学を卒業する頃、少年時代の師であった石黒忠悳が当時の文部大臣・森有礼《もりありのり》（一八四七～一八八九）に円了の採用を勧めたことにより、官僚に登用されそうになります。このことは、当時の国の超エリートへの道であって、ふつうの人なら非常にうれしく思ってその道に進むところでしょう。しかし円了は、「おぼしめしは誠にありがたいですが、もとより私は本願寺の宗費生として大学にいたことであるから、官途に就くに忍びないのみならず、かつは日頃の誓願として、将来は宗教的教育的事業に従事して、大いに世道人心のために尽瘁《じんすい》してみたい心がけだから……」と断ったといいます（三輪政一編『井上円了先生』における石里忠悳の「感想」参照）。円了にはこのときすでに、心に深く期するものがあったことがうかがえます。

円了にはまた、東京大学留学を支援してくれた本願寺に帰らなければならないということがありました。彼の在学中の保証人であった南条文雄《なんじょうぶんゆう》（一八四九～一九二七）は、東本願寺執事・渥美契縁《あつみかいえん》（一八四〇～一九〇六）を訪ねて、円了が仏教各宗中はじめての学士であることを考慮し、本願寺として引き立てるように要請します。本山は円了に教師教校の教授を命じます。これも、当時の東本願寺教団は大きな勢力と地位とを社会の中に占めていましたから、その中でのエリートへの道であり、たいへん名誉なことだったでしょう。しかし円了は、明治になって衰微している仏教の勢力を挽回するには、俗人となり世間にあって活動すべきであること、また東京にとどまり独力で学校開設の意志があることを理由に、命令を固辞したのでした（「信仰告白に関して来歴の一端を述ぶ」、『活仏教』、『選集』第四巻、四九六頁）。本山とは再三再四、問答往復した結果、彼の教育事業への意志は堅く、本山の承諾を得たのでした。

明治一八年（一八八五）のうちに、円了は『三学論』『仏教新論』『哲学新論』の三つの本を刊行します。ここには、その後の円了の膨大な著作の基となるものが込められています。また、明治一七年（一八八四）一〇月からは、『明教新誌《めいきょうしんし》』にヤソ教の問題を論じる連載を始め、それらはのちに『真理金針《しんりこんしん》』（初編・明治一九年一二月、続編・明治一九年一一月、続々編・明治二〇年一月）として刊行されていきます。円了は卒業後、東京大学の研究生、帝国大学の大学院生と国費奨学生となり、その一方で、『哲学要領』やのちに『真理金針』となった論文を、新聞や雑誌に連載していて、当時、若き論客として大いに注目を集めたのでした。

明治一九年（一八八六）春、肺病の病を得て、熱海《あたみ》において療養生活に入ります。このとき、大学から命じられた印度哲学研究を辞退しています。半年ほどして快復し、帰京することになり、さらに一一月、旧金沢藩士の娘・吉岡敬子と結婚し、本郷《ほんごう》に新居を設けたのでした。

帰京した円了は、『哲学会雑誌』の刊行等、めざましい活躍を見せていきます。明治一九年から二〇年にかけて、前の『真理金針』のほか、『哲学一夕話』『哲学要領』『倫理通論』などを著しています。また明治二〇年（一八八七）二月、『仏教活論序論』を刊行したところ、この書物が仏教界に大いに注目され、仏教復興の期待を一身に背負うほどとなりました。なお『仏教活論本論』は、同年一一月にその第一篇（「破邪《はじゃ》活論」）が、明治二三年（一八九〇）九月にその第二篇（「顕正《けんしょう》活論」）が刊行され、また大正元年（一九一二）九月には『活仏教』が刊行されています。さらに明治二〇年五月、三宅雄二郎・棚橋一郎らとはかって、我が国伝統の宗教・教育・道徳・美術および産業等を維持・発達・改善するために「政教社」を設立し、機関誌『日本人』を月二回発行することにしました。その第一号の刊行は明治二一年四月で、円了はここに「日本宗教論」を何回か発表しています。

明治二〇年六月、円了はいよいよ教育活動を実践すべき時がきたと感じ、「哲学館開設の旨趣」を発表します。その冒頭には、

「世運の開明に進蹐《しんせい》する所以《ゆえん》のもの、もとより内外百般の事情に因《よ》るといえども、主として智力の発達に因る。智力の発達する所以のものは、教養の方法に因るといえ

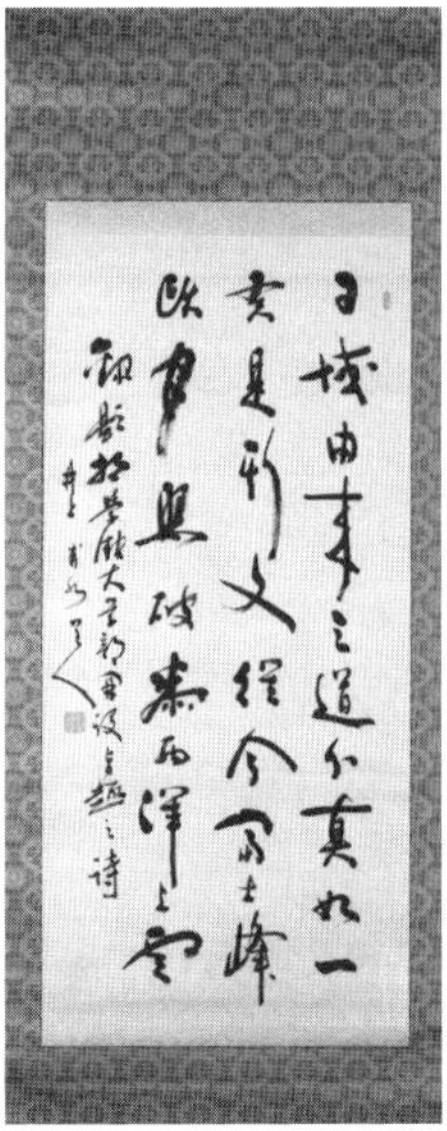

「哲学館大学部開設旨趣之詩」（東洋大学井上円了記念センター蔵）

ども、主として学問に因る」とあり、さらに高等の智力を発達するには高等の学問すなわち哲学によらなければならないと説いています。

この期に及んでは、本願寺もようやく彼の意図を理解し、民間人として活動することを認めざるをえなかったことでしょう。なお、東本願寺は、井上円了を留学させたあとも、清沢満之《きよざわまんし》（一八六三～一九〇三）や柳祐信ら四、五名の学生を東京大学に国内留学させますが、その際、「すべてのことは井上円了を手本とし、相談せよ」と命じていたといいます。

「哲学館開設の旨趣」を発表してから三か月ほど経った明治二〇年九月一六日のこと、円了がわずか満二九歳、数えで三〇歳の時、麟祥《りんしょう》院《いん》の一室を借りて、「私立哲学館」は産声《うぶごえ》をあげたのでした。この式典での演説等については「第七章　井上円了の教育理念と東洋大学」を参照ください。円了が哲学を基にした教育活動を始めた背景には、次のような考えがありました。

第一に、国民一人ひとりの知性を開発することによって国が豊かに強くなれるが、知性を開発するには学問によらなければならない。その際、高度な学問によれば高度な知性が開発できる。高度な学問とは、あらゆる学問の中央政府である哲学である。ゆえに哲学を学ぶべきである。

第二に、大工が家を建てるときにはものさしも必要となるが、そこでものさしにはものさし固有の実用性がある。同様に、哲学は根本的な原理・原則を考察するものであり、現実社会の根本理念、いわば設計図を描くもので、その意味での重要な実用性がある。哲学はけっして抽象的、観念論的で、浮世離れした無意味なものではない。
第三に、身体を健全にするには体操、運動が必要であるのと同じく、精神を活性化するには考察の訓練（思想の錬磨）が必要であり、それに哲学はもっとも適している。

こうした理由から、円了は哲学教育を主とする学校を始めたのでした。

教員は東大での縁と東本願寺の縁によって集められていましたが、若い教員が多いのが特徴で、中には講道館《こうどうかん》柔道の創始者であり、後の東京師範や灘中学・高等学校の創設者となった嘉《か》納治五郎《のうじごろう》（一八六〇～一九三八）もいました。

井上円了は、哲学館開設の翌年一月、館外生の制度を導入し、今日にいう通信教育を始めています。哲学館の各教員の講義を記録して印刷し、地方の勉学に意欲ある者に毎月三回（八日・一八日・二八日発行）、送るというものです。講義録に疑問がある場合は、文書での質問を受けることもしていました。この講義録の購読者は非常に多かったということです。

なお、これは欧米とりわけアメリカでエクステンション活動の一環として行われていた通信教育のシステムにヒントを得たものですが、アメリカでこれが組織化され盛んになったのも、一八九〇年代からで、円了の進取性がうかがえます。

ちなみに、「哲学館高等科講義録」「妖怪学講義録」「尋常科講義録」「仏教専修科講義録」

「漢学専修科講義録」「仏教普通科講義録」「漢学普通科講義録」「通俗哲学講義録」の八つを、「哲学館八大講義録」と名づけ、読者は一〇万余人に達したということです（三輪政一編『井上円了先生』、一〇頁）。

その後の円了の足跡ですが、早くも哲学館設立の翌年、明治二一年（一八八八）六月から、ほぼ一年間外遊しています。横浜から出航し、訪問先は、サンフランシスコ・ニューヨーク・ロンドン・パリ・ローマ・ウィーン・ベルリン・パリなどであり、帰路はマルセーユから出発、エジプト・アラビア・インド・中国を経て横浜に帰着したのでした。欧米の政教関係・東洋学研究の事情の視察が主目的の旅です。

ベルリンにて（第１回海外視察、明治22年、東洋大学井上円了記念センター蔵）

帰国後、円了は『欧米各国政教日記《おうべいかっこくせいきょうにっき》』上・下を著しています。円了がこの旅でもっとも感銘を受けたことは、どの国も自国の伝統を大切にし、「独立の精神」を有していることでした。ここから、日本伝統の学問・文化の擁護・発展の重要性を訴えるようになります。その詳しい事情も、「第七章　井上円了の教育理念と東洋大学」をご覧ください。

明治二二年（一八八九）一一月一三日、哲学館の校舎は、麟祥院から蓬莱町《ほうらいちょう》の新校舎に移ります。この日、移転式が行われ、円了はその時の演説において、哲学館創立の理念をふりかえりつつ外遊の経験をふまえて、以下のような哲学館改良の方針を述べました。

第一　我が邦久来の諸学を基本として学科を組織すること
第二　東洋学と西洋学の両方を比較して日本独立の学風を振起すること
第三　智徳兼全の人を養成すること
第四　世の宗教者、教育者を一変して言行一致、名実相応の人となすこと

（『東洋大学創立五十年史』、東洋大学、一九三七年、三一頁）

また、「これより漸々改良拡張して他日一箇の専門校を開き、国家独立の大機関ともいうべき歴史学・言語学・宗教学を分ち、国学科、漢学科、仏学科の専門を開き、日本大学ともいうべきものを組織し、学問の独立と共に国家の独立を期する」（同前、三二頁）とも述べており、日本主義の大学をめざすことを明確に訴えたのでした。それは、国学・漢学・仏（教）学がばらばらに研究されている状況を憂え、これらを統合して研究しようとするものであり、しかもそれを西洋の学問と対照させて考究しようとするものでありました。

もちろん、日本主義といっても、偏狭な国粋主義に立とうというものではありません。興味

深いことに、円了は日本主義とともに宇宙主義を説いていました。この宇宙主義というのは、普遍的な真理の尊重を意味し、哲学的究明の重視を内容とします。つまり日本伝統の歴史・言語・宗教を、哲学に照らして了解し、鍛えなおさなければならないというのです。

なお、この新校舎の建設は完成目前で台風による倒壊後、再建するという難事業でしたが、それには勝海舟《かつかいしゅう》（一八二三〜一八九九）の精神的かつ金銭的多大の援助もありました。一方、円了は哲学館における教育の趣旨を説明し寄附を得ようとして、全国巡講を企画します。その背景には、明治二三年（一八九〇）に「教育勅語が渙発せられたのを好機として、全国に向かって哲学館将来の目的たる東洋大学開設の主旨を報道したいと思い、全国遊説に着手致した」ということがありました（「東洋学の再興と哲学館の由来」、『修身』第七巻第二号、明治四三年（一九一〇）二月。『東洋大学百年史』資料編Ⅰ・上、学校法人東洋大学、一九八八年、一一八〜一一九頁）。明治二三年から二六年まで、「一道一府三十二県、四十八か国、二百二十か所」を巡回し、演説回数は八一六回にもなりました（『井上円了の教育理念』、六七頁）。円了の講演に対する聴衆の関心は、主に「哲学とは何か」にありました。こうした経験もふまえ、円了はのちに自分の使命として、いかに哲学を実践するかを自覚するに至ったのでしょう。

（４）哲学館大学への発展

円了の時代、仏教はきわめて疲弊していました。もはや衰微するしかない状況にありました。というのも、幕末から明治期にかけて、廃仏毀釈《はいぶつきしゃく》の風潮が広まり、明治政府は神仏分離をこととし、神道を重んじ、仏教は軽んじる傾向にありました。一方、キリスト教が入ってきて、ものすごい勢いで伝道していました。そうした状況の中で、仏教はまったく滅びを待つしかないほどだったのです。こうした中で、円了は他の何よりも深い真理をたたえている仏教の再興による、国家の健全な繁栄を真剣に願っていったのです。

そこで一方では、キリスト教の非真理性を極力、指摘していきます。「キリスト教中に真理なく、真理は仏教中にのみ存す」とまでいっています。一方で、仏教の思想内容を適切に民衆に伝えていこうとします。

と同時に、仏教に対する不当な扱いの是正を政府に訴えていきました。仏教に対する差別待遇の撤廃（僧侶には国会議員の被選挙権が与えられなかった問題）、ひいては仏教公認運動を、熱誠のうちに展開していくのです。明治二二年（一八八九）の父に対する手紙には、故郷の実家の寺に一度は帰省するようにという父に対して、今、いかに仏教が危機的状況にあるかを指摘し、その復興に自分は全霊をかけるということを、切々と訴えています。

今にして仏教下風に立つときは、万世、挽回する見込みこれなくそうろう。実に危急の時なり、九死に一生の日なり、一カ寺、一住職のために汲々するの時にあらず、一地方、一部落のために奔走すべき時にあらず。私儀はこの仏教総体の存廃に付き、多年苦心にまかりあり、今や九死一生の危急に相い迫りそうらえば、必死の勢いにして……

（『東洋大学百年史』資料編Ⅰ・上、五〇〜五一頁）

等と記し、政府へ建白書を出す決意を語り、狂人とのそしりを厭わないと訴えています。その懸命な活動によって選挙法の改正が行われることになり、また仏教界は、命脈を保ちえ、のちの新たな新仏教運動なども起きてくるのです。円了自身は、実家の寺を捨てました。しかし一寺院を捨てつつ、何万という寺院を救ったといっても過言ではないほどです。そのくらい、円了は実際に仏教にコミットしていたのです。

一方で円了は哲学館の教育において、新たな時代の僧侶や教師を育成しようとしていました。教育事業その他で忙殺をきわめていたはずの円了は、明治二七年（一八九四）八月、『仏教哲学系統論』を著します。これは、学位請求論文として帝国大学に提出され、明治二九年

（一八九六）六月八日、文学博士の学位を授与されました。我が国において、論文によって文学博士の学位を得たのは、円了が初めてのことです。

明治二七年から二八年にかけて、日本は日清戦争に勝つなど、富国強兵の道が次第に実現しつつありました。この間、円了の全国巡講は中断していましたが、明治二九年三月から再開されます（明治三五年まで）。この年（明治二九年）、新年には、哲学館を東洋学の世界的拠点としたいとの意思を表明します。日本は東洋の覇者となるべきであり、学問の世界でも東洋学の最高の大学となるために、東洋大学とすべきだというのです。そこには、西洋で東洋の学問を志す者を迎えて、ここで深く学んでほしいとの思いもありました。

この年（明治二九年）の暮、蓬莱町の校舎（郁文館《いくぶんかん》と共用）が火事になり、新年の授業は仮校舎で行われます。さらに校舎の再建は、小石川区原町鶏声ケ窪において、翌年四月に着手されます。この地が現在の白山《はくさん》キャンパスです。明治三〇年（一八九七）の九月の新学年から、この新校舎で授業が行われます。

明治三〇年八月、妖怪学の業績等が評価されたのか、教育振興のために私学で初めて「恩賜金三〇〇円」を授与された井上円了は、中学教育の重要性を思い、近辺に中学校のないことを憂えて、構内に尋常中学校を設立することを明治三一年（一八九八）二月に発表し、私立京北尋常中学校設立の認可を受け、明治三一年四月から授業を開始します。ちなみに、明治三八年

（一九〇五）には京北幼稚園を設立、広い範囲の国民の教育に取り組むのでした。円了は小学校の設立も目指していましたが、諸般の事情によりそれは実現しませんでした。

哲学館は順調に発展し、明治三五年（一九〇二）四月には「哲学館大学部開設予告」を発表します。同年一二月の『中央公論』には、「早稲田のごとき、哲学館のごとき、明治法律学校のごとき、その経歴において、その名声において、優に帝国大学の法科もしくは文科大学と相い拮抗して、遜色あるを見ざるもの、いままたさらに歩武を進めて、その基礎をかたくし、その規模をまったくし、もってこれを大学となす、吾人すこぶるこれを歓迎せざるを得ず。けだし、私立大学の勃興は、日本教育の一大転進なればなり」という記事も掲載されています（『井上円了の教育理念』、九〇頁）。この頃、日本の私立大学は、ますます盛んになっていたのでした。

そうした中、明治三五年一〇月の卒業試験の倫理学の試験問題をめぐって、文部省が問題視し、ついに一二月に至って哲学館の教員無試験検定校の認可が取り消されるという事件が起きます。いわゆる「哲学館事件」です。「動機が善で悪なる行為はあるか」という出題がなされ、結果だけで判断してはならない、動機を勘案しなければいけない、といった解答が高く評価されたのです。これはイギリスの哲学者・ミュアヘッド（一八五五〜一九四〇）著『倫理学』にある「目的と結果という行為全体から道徳的判断を下さなければならない」という説に基づくものでした。ところが「動機が善で悪なる行為はある」という立場は、日露戦争の準備に入り、ますます国家主義的になりつつあった日本の政府にとって、きわめて問題があるとされたのでした。なぜなら、動機が善なら国体をくつがえしてもよいとのことになりかねず、危険だからというわけです。

実はこの頃、井上円了は一一月一五日に二度目の外遊に出発しており、一二月にはインドで河口《かわぐち》慧海《えかい》（一八六六〜一九四五。日本人として初めてチベットに入り、チベット語訳仏典等を多数、将来した）と会ったりしていました。円了がこの哲学館事件を知るのは、ロンドンにおいて翌年の一月二四日でした。日本ではこの問題がマスコミによって大きく取り上げられ、文部省批判を含む大きな社会問題になったほどだったのです。ミュアヘッドは新聞でこの事件の事を知り、自分の立場を詳しく解説したりしています。この結果、時の駐イギリス公使は、明治三五年に結ばれた日英同盟に影響を与えないか、真剣に対応策を講じるほどでした。円了もイギリスの地にあって、日本の哲学館に対し、認可取り消しの撤回に尽力するよう、指示するなどしたのでした。

円了がこの時の欧米視察から帰国したのは、明治三六年（一九〇三）七月でした。この頃、哲学館の訴えにもかかわらず、何の対応もしなかった文部省に対して、今後、特典を受けることは徹頭徹尾《てっとうてつび》断るなど、官からの独立路線をどこまでも追求していくことになります。明治三六年九月五日刊の『東洋哲学』第一〇編第九号には、イギリス等での視察の経験をふまえつ

哲学堂（東洋大学井上円了記念センター蔵）

つ哲学館の新しい教育方針として、「広く同窓諸子に告ぐ」を発表、次のような内容を提示しました。

①大学科の開設準備の推進
②教育部の教員検定試験対応の準備
③哲学部の実用主義への改革
④国際化への対応
⑤記念堂としての哲学堂の建設
⑥哲学応用の奨励

ここに、独立自活の精神に基づく実力主義を謳うことになったのでした。

なお、円了は日本の短所を「狭小」「短急」「浅近」「薄弱」であって、身体から家屋や自然まですべて「小」であると認め、その小国的気風を融解して大国的気風を鋳造したいと考えました。それには、学問上は世界地理、世界歴史に通達させ、また天文学や哲学によって「遠大の思想」を養成し、芸術（音楽・絵画）も「雄壮・活発・広大」にしなければならない。この遠大の思想を養成するにあたっては、遠大な目的を定めて、これに達するに遠大な方法をとることだ、それは、急速に失せず、徐々としていくたの歳月を経、いくたの難題を排して進行するをいう、としています（「日本の特性を論ず」、『東洋哲学』第一〇編第一一号、明治三六年一一月、六二五～六二九頁。『円了講話集』、『選集』第二五巻、六二二～六二八頁）。

こうして、明治三六年一〇月一日、「私立哲学館大学」が認可され、正式に哲学館大学の開校式が行われたのは、明治三七年（一九〇四）四月一日でした。一方、明治三六年一〇月には、孔子・釈迦・ソクラテス・カントを祭る哲学堂の建設も成りました。正式に哲学堂の開堂式が催されたのは、明治三七年四月八日です。この哲学堂は、社会教育を展開する「修身教会」の本山ともされます。この「修身教会」も明治三六年九月に「趣意書」が発表され、翌年二月に結成されたものです。毎月『修身教会雑誌』が発行され、円了は夏休みに巡講しました。

（5）その後の円了

哲学館大学は先の哲学館事件以来、特典を受けない方針で運営されていましたが、やはり不利な面があり、経営的にも困難を増していました。その後、井上円了は疲労が蓄積し、神経症を患い、大学から身を引くことが必要な状況になっていきます。結局、明治三九年（一九〇六）一月一日、哲学館大学長および京北中学校長の職を辞します。円了は退隠にあたって、後継者の前田慧雲《まえだえうん》（一八五七～一九三〇）と、次のような取り決めを交わしたとのことです。「①哲学館創立の旨趣を継続すること、②財団法人になすこと、③他日学長を辞するときは、出身者中の適任者をもって相続せしむること、もし出身者中に適任者がいない場合には、（出身者以外の）講師（教員）をしてつがしむること」（『井上円了の教育理念』、一四九～一五〇頁。『ショートヒストリー　東洋大学』、一一一頁）。哲学館大学はこの年六月二八日、「私立東洋大学」と改称され、七月には財団法人私立東洋大学の設立が認可されました。

大学から退いた円了は、哲学堂を拠点としながら社会教育活動に専念していきます。すでに、明治三六年九月、「修身教会設立旨趣」を発表していましたが、その活動に専念していくのです。これは、欧米視察の経験をもとに、我が国社会のあり方の改良をめざして設立されたもので、既存の宗教によらず、かつ学校教育と連携して、一般市民の道義・徳行を向上させることを目的とするものでした。その「旨趣」は非常に詳しいものですが、たとえば「九、我邦の教会」には、「我邦にも種々の宗派あり、寺院あり、教会あれども、その勢力ははなはだ微弱にして、また弊害すこぶる多く、とうていこれに道徳教育を一任すべからず、されど我が国民が今より道徳教育に宗教の必要なるを知りて、これを改良するの方針を取るに至らば、旧来の弊害を除くがごとき、なんの難きことあらんや、畢竟するに宗教の改良は宗教を弘むる人を改良するにほかならず、……」とあり、「十六、修身教会の目的」には、「すでに学校教育と教会とは世間の修身道徳を説くにおいて一致協同すべきゆえんを知らば、学校以外の修身教育はこの二者相い俟《ま》ち相い扶けてその普及を図らざるべからず、これ余が各町村において修身教会を設くるの必要を唱うるゆえんなり、しかしてその旨趣たるや教育勅語に基づき、忠孝を本とし、国体を先とし、忍耐勉強倹約誠実等百般の職業に必需の道徳を諭示し、進んでは家庭の風儀、社会の習慣を一新するに至らんことを期するなり」とあります（『東洋大学百年史』資料編Ⅰ・上、二〇～二七頁参照）。他に、音楽唱歌および講話時間や、図書館の設置などについても規定が示されたりしています。

修身教会運動の活動は亡くなる大正八年（一九一九）まで、続けられたのでした。この間、講演回数はおよそ五四〇〇回、聴衆動員数は一四〇万人にも及ぶといいます（『井上円了の教育理念』、一五四頁）。汽車は三等、弁当は握り飯、服装から持ち物すべて質素な実用本位で、地方から地方へ講演の旅を続けたのでした。それは七〇日、八〇日続くこともあり、ときには一三〇余日にもわたったということです。一日の間に二回、三回と行うこともめずらしくなく、主に精神修養の話や詔勅・修身に関する話、妖怪・迷信に関する話などをテーマとしました。

晩年期（東洋大学井上円了記念センター蔵）

当時はいわゆる迷信等が固く信じられていた時代ですので、円了がそれらの無実であることを説くことには、民衆も安心するという大きな意味があったのです。

その後、明治四四年（一九一一）四月には、三回目の海外視察に出ています。この時は、オーストラリアや北欧等のほか、ブラジル・アルゼンチン・ウルグアイ・チリ・ペルー・メキシコなどを回っており、帰国後、『南半球《みなみはんきゅう》五万哩《ごまんまいる》』を刊行してそれらの国々の様子を伝えています。

朝鮮や中国でも講演活動を行おうとしていた円了は、大正八年、五月五日、中国での巡講に出発、上海を皮切りに、北京、天津など各地を回ったのち、六月五日には大連で講演しました。会場は西本願寺附属幼稚園です。円了はその講演の最中に倒れ、翌六日、逝去したのでした。満六一歳でした。

第二章　井上円了の哲学（上）理論編

（1）井上円了の著作について

井上円了は、少年時代、漢学の塾に通って中国古典の教養を身につけ、長岡洋学校に入学してキリスト教を学ぶなどしました。その後、東本願寺を頂点とする宗門内寺院の優秀な子弟として、明治一〇年（一八七七）九月、京都東本願寺の教師教校に入学、さらに明治一一年（一八七八）、東本願寺留学生として上京し、この年九月、東京大学予備門に入学したのでした。ここで語学などをさらに磨いたものと思います。そうして三年後の明治一四年（一八八一）九月、東京大学文学部哲学科に入学、西洋哲学を本格的に学ぶのでした。やがて明治一八年

（一八八五）七月、同哲学科を卒業しますが、この頃、早くも文筆において活躍し、『哲学一夕話』（第一編・明治一九年（一八八六）七月、第二編・明治一九年一一月、第三編・明治二〇年（一八八七）四月）、『哲学要領《てつがくようりょう》』（前編・明治一九年九月、後編・明治二〇年四月）その他を著すなど哲学の真髄を紹介する本を世に送っていきます。さらに『真理金針《しんりこんしん》』（初編・明治一九年一二月、続編・明治一九年一一月、続々編・明治二〇年一月）、『仏教 活論序論《ぶっきょうかつろんじょろん》』（明治二〇年二月）の名著は、ベストセラーとなったのでした。

その後も、円了は多くの著作を刊行していきます。今、その主要著作をまとめて掲げてみますと、次のようです。

『真理金針』『仏教活論序論』『仏教活論本論』『活仏教』
『哲学一夕話』『哲学要領』（前・後）『純正哲学講義』『哲学早わかり』『哲学新案』
『仏教通観』『仏教大意』『大乗哲学』『仏教哲学』
『日本仏教』『真宗哲学序論』『禅宗哲学序論』
『外道哲学』『インド哲学綱要』
『宗教新論』『比較宗教学』『宗教学講義』『宗教哲学』
『倫理通要』『倫理摘要』『日本倫理学私案』

『通信教授　心理学』『心理摘要』『東洋心理学』『仏教心理学』『心理療法』
『教育総論』『教育宗教関係論』
『妖怪学講義』『妖怪玄談』『星界想遊記』
『欧米各国政教日記』『南船北馬集』
『円了茶話』『甫水論集』『円了講話集』『奮闘哲学』

こうしてみますと、円了の学問の分野は、哲学、仏教学、宗教学、倫理学、心理学、教育学、さらには妖怪学にまでわたっており、いかに円了の学問が広大・甚深であったかがうかがえます。いずれも、我が国近代のそれぞれの分野の学問におけるさきがけの業績となっています。

これらの著作は、もと単行本で刊行されており、その中、主要な著作が『井上円了選集』（以下、『選集』）二五巻（東洋大学刊）にまとめられています。これらは東洋大学図書館によるリポジトリで公開されています（なお、この『選集』における表記は、現代的な形に直されています）。

(2) フェノロサの事蹟

さて、井上円了は哲学という学問を東京大学にて学んで、やがて自分自身はどのような思想・哲学を持つに至ったのでしょうか。

このことに関して、初めに、円了は東京大学においてどのような環境において学んだのかについて一覧しておきます。

東京大学は、法学・理学・文学・医学を内容として明治一〇年（一八七七）に開設されましたが、その文学部関係は史学・哲学・政治学を内容とする第一科と、和漢文学科の第二科とからなっていました。その後、明治一二年（一八七九）に、第一科は哲学・政治学及理財学科と改正されました。この年、仏教にも哲学があるとして、随意聴講制度の下に「仏書講読」が開講されることになります。この科目を担当したのは、曹洞宗の僧侶・原坦山《はらたんざん》（一八一九～一八九二）です。坦山は、『大乗《だいじょう》起信論《きしんろん》』およびその注釈書『大乗起信論義記《ぎき》』をテキストとして、仏教の哲理を究明する講義を行ったのでした。それは、新時代における、各宗門別でない、総体的な仏教研究の必要性に応えるものであったと理解されます。

その後、東京大学は明治一四年（一八八一）九月、哲学科を第一科として独立させ、他に政治学及理財学科と和漢文学科を置いた三学科体制となります。哲学科は西洋哲学を主とするも、新たに印度及支那哲学も加えられました。翌年二月には、哲学の科目名が西洋哲学に改められ、一方、東洋哲学（印度及支那哲学）の科目が増設されました。印度哲学の科目を担当したのは、原坦山と新任の吉谷覚寿《よしたにかくじゅ》（一八四三～一九一四）であり、支那哲学の科目を担当したのは中村《なかむら》正直《まさなお》（一八三二～一八九一）でした。

その後、明治二三年（一八九〇）には、村上専精《むらかみせんしょう》（一八五一～一九二九）が印度哲学科目担当の講師となりました。当時、哲学科の教官となっていた井上哲次郎《いのうえてつじろう》（一八五五～一九四四）が専精を選んだとされます。村上専精は、講師を長くつづけたあと、大正六年（一九一七）一一月、印度哲学担当の初代教授となりました。このとき、専精は六七歳でしたが、その後、六年間、教授を務めて退官しました。

当時の仏教学の研究についてですが、日本の江戸時代、仏教研究は「檀林《だんりん》」と呼ばれる各宗門の研究機関において行われていました。明治になると国家の教育・研究機関において西洋の学問、とりわけ哲学の研究が導入されますが、そのかたわら、東洋の哲学、特に仏教の研究もなされるようになっていきます。そこでは、各宗門別ではない、仏教全体を研究対象とするような仏教研究が要請されたのでした。

東京大学は、明治一一年（一八七八）八月、政治学担当の教官として、ハーバード大学卒のアーネスト・フランシスコ・フェノロサ（一八五三～一九〇八）を招聘《しょうへい》しました。当時、二六歳という、まさに若手の学究でした。フェノロサは、ハーバード大学学部時代に哲学を学び、大学院では美術史を修めました。東京大学においては、政治学のみならず、理財学（経済学）と哲学も担当、スペンサーの社会進化論やJ・S・ミル（一八〇六～一八七三）らの経済学説を解説して政治哲学、政治経済学等を講義し、哲学に関しては、主にシュヴェーグラー（一八一九～一八五七）の哲学史（英訳本）によって西洋思想史を教え、デカルト（一五九六～一六五〇）からカント（一七二四～一八〇四）、ヘーゲル（一七七〇～一八三一）等の哲学を講義しました。当時の学生には、井上哲次郎、岡倉天心《おかくらてんしん》（一八六三～一九一三）、嘉納治五郎《かのうじごろう》（一八六〇～一九三八）、坪内逍遙《つぼうちしょうよう》（一八五九～一九三五）、井上円了らがいました。清沢満之《きよざわまんし》（一八六三～一九〇三）も、予備門を経て明治一六年（一八八三）に哲学科に進学、フェノロサに哲学・審美学等を学びました。

フェノロサはもともと美術に関心があり、明治一三年（一八八〇）の夏休みには岡倉天心を連れて関西に旅行、古美術収集を始めています。明治一五年（一八八二）五月には、日本美術を称讃する講演をしました。とりわけ日本の古画の収集に努め、その後、日本画を中心とした日本の伝統芸術保護、保存運動を展開したことはよく知られているところです。明治一五年に同じくアメリカから古美術収集に来日したビゲロウ（一八五〇～一九二六）は、以後八年間にわたって常にフェノロサと行動を共にしています。

フェノロサは明治一七年（一八八四）、イギリスに留学経験を持つ赤松連城《あかまつれんじょう》（一八四一〜一九一九）と会ったとき、赤松の説く、空仮中《くうけちゅう》の三諦《さんたい》や唯識《ゆいしき》の三性説《さんしょうせつ》、あるいは本地垂迹説《ほんじすいじゃくせつ》などにふれて大いに感動しました。赤松に仏教研究を勧められ、以後、仏教研究に取り組むようになり、その後、明治一八年（一八八五）九月には三井寺法明院《みいでらほうみょういん》の桜井敬徳《さくらいきょうとく》（一八三四〜一八八五）に菩薩戒《ぼさつかい》の授戒を受けます。フェノロサは明治一九年（一八八六）に文部省・宮内省の美術行政官に転進、明治二三年（一八九〇）六月に契約が満期となり退官、翌月、帰国したのち、ボストン美術館に勤務しました。明治二八年（一八九五）九月、ボストン美術館を退任、のち再度、来日しましたが、もはや外国人教員を優遇する環境はなく、明治三三年（一九〇〇）にはまた帰国しています。明治四一年（一九〇八）九月、ロンドンで急逝しました。遺骨の一部は、フェノロサが尊敬していた桜井敬徳が住していた三井寺に納められています。

（3）原坦山・吉谷覚寿の事蹟

原坦山は、曹洞宗の禅僧です。明治初期、生活に困ることもあり、浅草の奥山で占いをして生活の足しにしたこともありました。しかし本願寺の光尊が坦山の人物を評価して、築地本願《つきじほんがん》寺《じ》にて仏教の講義をさせたところ評判となります。そのことを知った時の東京大学総理・加藤《かとう》弘之《ひろゆき》（一八三六〜一九一六）は、坦山に印度哲学の講師を依頼したのでした。坦山は、仏書講読の授業で、『大乗起信論』とその注釈書である賢首大師《げんじゅだいし》法蔵《ほうぞう》（六四三〜七一二）の『大乗起信論義記』を用い、仏教思想を講義しました。坦山は、明治二〇年（一八八七）二月、東京大学において、「印度哲学要領」と題した演説の中で、「ヲルコット氏曰く、レリジョンと云う語は仏教に用ゆること妥当ならず、仏教はむしろ道義哲学と称すべきなりと。余は直ちに心性哲学と云うを適当とす。本校に於て印度哲学と改むるは、尤も当たれり」と述べています（『哲学雑誌』一冊、三号、明治二〇年、一〇五頁）。その前年、五月、東京学士会院において、「印度哲学の実験」と題する講演を行い、「印度に古来哲学と称すべき者、婆羅門等の諸派ありと雖も、支那已東に流布せず、今、釈迦氏の仏教を云う」と述べています（古田紹欽「原坦山と実験仏教学」、『日本大学精神文科研究所教育制度研究所紀要』一一集、一九八〇年、一五七頁）。このことについて中村元《なかむらはじめ》（一九一二〜一九九九）は、「かれは、仏教は印度哲学の一派である、という理解のもとに仏教を印度哲学と呼んでいるのである」と解説しています（原坦山『大乗起信論両訳勝義講義』、萬昌院功運寺、一九八八年、三〜四頁）。

坦山は、ある蘭医と出会ったことがきっかけとなり、仏教思想の中で心を身体に同定することに関心を持つようになります。仏教の説く心識のありかを医学や解剖学を参考に究明しようとし、『涅槃経《ねはんぎょう》』に、「頭を殿堂と為し、心王その中に処す」（『大正大蔵経』第一二巻、三六七頁中参照）とあることを見つけて大いに喜んだといいます。『惑病同源論《わくびょうどうげんろん》』を著し、心の異常の惑と身体の不調の病は同源であり、煩悩《ぼんのう》が病の原因で病は煩悩の結果であるので、禅定《ぜんじょう》を修して煩悩を浄めれば健康になると説きました。また、『脳脊異体論』という本も著し、脳髄《のうずい》と脊《せき》髄《ずい》とは異体であるが、脳髄と脊髄の体液の混淆が惑と病を起こすとも説きました。そういうわけで、坦山の『起信論』講義も、独自の身心関係論に基づくものであったようです。

ここで、少し『大乗起信論』について説明しておきますと、『起信論』は数少ない大乗仏教の綱要書で、一心―二門―三大―四信―五行という体系的な組織による説明を展開しています。すなわち、衆生心に真如門と生滅門があるとし、いわば本体と現象に分けて世界のあり方が説かれます。生滅門の中で、衆生心に体大・相大・用大の三大が説かれ、かつ覚と不覚の交渉のあり方が、本覚や如来蔵、阿梨耶識《ありやしき》や無明《むみょう》等によって説かれます。こうした唯識・如来蔵・空観を統合した観のある独特の論書です。

さて、坦山の『大乗起信論』講義録（『大乗起信論両訳勝義講義《だいじょうきしんろんりょうやくしょうぎこうぎ》』）には、身心を同定しようとする説が随所に見られますが、一例をあげれば、次のようであります。これは、一心二門の解説の箇所にあるものです。

……近頃に至り彼経を拝読して頭為殿堂心王処中と云ふ仏説のあることを見出しました。之は今日の西洋理学の説にも合ひます。彼等の書中には脳髄より心識を製造して全身に流布することを詳説してあります。すると今此の心真如の話は脳髄に在る覚性のことです。……然るに仏者は亦た所謂不覚なるものを能く知て居るものが古今少ない。私は一一仏説を引用して心識のことを論じて置きましたが、之を西洋の理学に徹すると、覚性は前脳に在り、不覚は後脳に在るのであります。西洋は不覚とは云ひませんが、所謂脊髄神経なるものが即ち不覚其物体であって、経中には、質多耶心《しったやしん》又は阿陀那識《あだなしき》と説てあるものが即ちそれであります。斯《か》る二心が併合して一種の生滅をなすものを起すのでありますから、之を心の生滅と名けて、此の法門を論ずるのであります。……

(三二一～三二二頁)

あるいはまた、心生滅門《しんしょうめつもん》の中に如来蔵《にょらいぞう》の語が出る箇所（心生滅者、依如来蔵故、有生滅心、所謂不生不滅、与生滅和合、非一非異、名為阿梨耶識）には、次のようにあります。

ここも矢張り此の如来蔵は個人個人の頭脳のことです。西洋人は脳髄と云ひます。此の脳髄の中に精神知覚の性があるのです。……已上七種に展開されてある、故に第七を意の根となす。其部所は耳識《にしき》の両脇に位するので、耳根識《にこんしき》とも云ひます。彼脳神経から下降して来て此耳根の辺から左右の肋間を渉てさまざまの神経が一緒になるのを交会神経とも名けてある。此れは彼の五官に直接及ぼす知覚神経の外別働体とも云ふべきものであって、胃蔵腑に関するの活動等をなすので不随意筋と云ふ。又た蔓延対と称して多くの神経支派が胸腹の前部に於て叢をなし節をなして下婬器に迄及びます。斯うなると所謂染法と申して、彼の如来の浄体精神知覚の本性を蔵して、滅茶滅茶なる複雑の心相を起しますので之を生滅心と申します。……

（四一〜四二頁）

この講義録によれば、だいたいこのような調子で、とうてい『大乗起信論』に基づき形而上学的な哲学思想を展開したとは思えないのが実情です。確かに、坦山の『大乗起信論』講義は、井上哲次郎や井上円了らに大きな影響を与えたことでしょうが、思想的にどこまで影響を与えたのかは疑問です。

そういう意味では、仏教の教理的な面を教授した吉谷覚寿の存在を見逃すことはできません。覚寿は、明治一四年（一八八一）に東京大学の教官になり、明治二三年（一八九〇）まで教鞭を執りました。覚寿が東京大学の講師となった背景には、当時、東京大学総理の加藤弘之と知り合いであった東本願寺末の念速寺の近藤という者が、坦山は禅門の人で天台学などの教理はまったくできないから、もう一人、教理専門の者を招くがよいとして、覚寿を紹介したことがあったということです。こうして、覚寿は、『八宗綱要《はっしゅうこうよう》』や『天台四教義《てんだいしきょうぎ》』の講義を担当したのでした。

覚寿は、『仏教大旨』(明治一九年(一八八六))や『仏教総論』(明治二三年)、『明治諸宗総論』(同年)を著しています。江戸期の諸宗派割拠の時代から明治になると、仏教全体を捉えることが求められたことによると理解されます。覚寿に先立って坦山が『大乗起信論』を講義したのもその課題に適当であったからでしょうし、一方、のちに『起信論』の注釈書を著した村上専精《むらかみせんしょう》(一八五一〜一九二九)が『仏教統一論』を世に問うたのも、そういう時代の要請に応えるためだったからでしょう。

なお、覚寿は仏教の教理を精細に学修すべきであり、安易に西洋哲学の思想と結びつけるべきではないとの主張を公言しました。たとえば、明治二〇年(一八八七)四月、『令知会雑誌』三七号に「仏教を疎漏視すること勿れ」の論文を発表し、また明治二三年(一八九〇)に刊行された『明治諸宗綱要』でも、「濫りに仏教と他学と比較する」者への非難を表明しています。とすれば、その批判の対象に井上円了への批判も含まれていそうです。覚寿は、『仏教総論』の序文で、「今回、明治諸宗綱要を撰述するに当りては、時勢に流れず、虚飾に渉らず、或は新を逐ひ奇を好みて文義を改竄せず、唯古来伝承するところの仏教の義理の正脈《しょうみゃく》を述し、彼々の宗義の当分を記して以て教法の種子を継続せんとす」との立場を明かしています（以上、佐藤厚「吉谷覚寿の思想と井上円了」、『国際井上円了研究』第三号、二〇一五年に拠った）。

覚寿は、明治二三年に東京大学を退いた後、京都に帰り、東本願寺派の高倉学寮で講師となり、宗門の教学の最高責任者となりました。村上専精が『仏教統一論』や『大乗仏説論批判』を著し、大乗《だいじょう》非仏説論《ひぶっせつろん》等を述べた際には、専精の処分を要求したともいわれています。覚寿が東京大学で仏教教理についての講義を行ったことは当時の学生にも有益なものがあったでしょうが、きわめて保守的な傾向にあったことも事実でした。

（4）井上哲次郎の事蹟

井上哲次郎は、筑前太宰府《ちくぜんだざいふ》、医業の家に生まれました。幼少期には儒教の古典を学び、少年期には官立の広運館に学んでいます。そこでは、教師も英米人、教材もすべて英語であったということです。明治八年（一八七五）三月、東京開成《かいせい》学校に入学、ついで明治一〇年（一八七七）に開設された東京大学に進んで、哲学を専攻しました。哲次郎はこのとき、フェノロサから多大の影響を受けています。同時に原坦山の講義により、大乗仏教の哲理に関心を持つようにもなりました。明治一三年（一八八〇）に卒業しています。第一期の卒業生で、同級生には岡倉天心がいました。

明治一七年（一八八四）二月、ドイツに留学。当時の錚々たる思想家について勉学を重ねること六年一〇ヶ月、明治二三年（一八九〇）一〇月一三日帰朝し、ただちに東京大学の教授に就任、「比較宗教・東洋哲学」や「釈迦種族論・釈迦牟尼伝」を講義しました。門下に、藤井《ふじい》宣正《せんしょう》（一八五九〜一九〇三）・松本文三郎《まつもとぶんざぶろう》（一八六九〜一九四四）・姉崎正治《あねざきまさはる》（一八七三〜一九四九）・高山樗牛《たかやまちょぎゅう》（一八七一〜一九〇二）・常盤大定《ときわだいじょう》（一八七〇〜一九四五）・吉田賢龍《よしだけんりゅう》（一八七〇〜一九四三）・近角常観《ちかずみじょうかん》（一八七一〜一九三一）などの英才が輩出しています。哲次郎が生涯にわたって講義した課目は「東洋哲学史概説」でした。

フィロソフィー（Philosophy）の訳語に哲学の語を当てたのは、西周《にしあまね》（一八二〇〜一八九七）ですが、倫理学（Ethics）・美学（Aesthetics）などは、哲次郎が作ったものといいます。さらに絶対（Absolute）、世界観（Weltanschauung）、人格（Personality）などを案出したのも哲次郎です。

哲次郎は、明治一六年（一八八三）に『西洋哲学講義』、『倫理新説』を著していますが、『西洋哲学講義』は古代中心であり、またこの両者では中国思想との関係に多少触れられているものの、西洋哲学と仏教との統合を示す記述はないのが実情です。しかも明治一七年（一八八四）

よりドイツに留学することになって、国内には存在していなかったので、これ以後、井上円了と緊密な関係があったとはいえないことでしょう。帰国したのは、明治二三年（一八九〇）であり、これ以後、円了との交渉もまたありえたとは思われます。

哲次郎は、「現象即実在」の哲学を展開したことで有名です。ただし、哲次郎が現象即実在論を唱えるのは、少なくとも明治二七年（一八九四）の頃のようです。哲次郎は、明治三〇年（一八九七）刊の「現象即実在論の要領」（『哲学雑誌』）において、次のように語っているからです。

……吾人は吾人の実力の許す限り、自ら哲学的考察をなすことを務め、併せて東西両洋の重要なる哲学組織を講究せるに、蚤《そう》（早）に現象即実在論（Identitatarealismus）の独り正確なるを了知せるも、未だ容易に之れを発表するに至らざりしが、嘗て（明治二七年六月二三日哲学会に於て「我世界観の一塵」と云へる題にて現象即実在論の主義を演説せり、其筆記は載せて哲学雑誌第八九号にあり）一たび此事に関して少しく叙述する所ありたり。然れども未だ大に我主義を発揮するに至らざりき。其後尚ほ我主義の是非如何に就きて種々考察を下だし、反対論に対しても眼を閉ぢることをなさず、我主義が果して其肯綮《しゆけい》を得たるや否やを尋念せしに、益々《ますます》其正確なるを疑ふ能はず。是《ここ》に於てか始めて之れが要領を叙述せんと欲するに至れり、此篇に叙述する所は是れ実に十有余年の研究を経て次第に到達せる結果にして、一朝卒爾として此に思ひ及びしにあらず。是故に現象即実在論の根本主義は復た動くべくもあらず。……

（シリーズ日本の宗教学②『井上哲次郎集』第九巻、「論文集、解説」、クレス出版、二〇〇三年、三七八～三七九頁）

すなわち、哲次郎が現象即実在論を唱えたのは、早くて明治二七年のことなのです。その後、明治四三年（一九一〇）の「唯物論と唯心論に対する実在論の哲学的価値」には、「現象即実在論」について次のように述べています。

……其れが実在論 Realismus であります。これは精神と物質との二つを第三の原理によつて統一してゆく所の哲学であります。物心の二つを結び付けてゆくもう一つの根本原理を立てる。其根本原理が即ち実在である。実在に対して現象があるが、現象に精神現象もあれば物質的現象もある。此二種の現象を一貫して根本原理即ち実在がある。之を第三者と見るけれ共《ども》、第三者と見るのは只抽象してさう見るので、其実は三つのものが一つである。実在は心物の二方面を一貫して居るものと見るべきである。……ただ実在論の中でも、精神と物質即ち物心の両者を一つの実在に融合調和して、正確健実なる世界及び人生観を立てやうとするのがある。それが現象即実在論である。現象即実在論といふのは主として認識的方面から言ったのであります。之を又本体論的に言ふと寧ろ円融実在論と言ったほうが宜《よろし》いと思ひます。

（シリーズ日本の宗教学②『井上哲次郎集』第五巻、「哲学と宗教」、クレス出版、二〇〇三年、六七〜六九頁）

これに対し、円了が西洋哲学の最高峰をヘーゲルに見、かつ仏教をも参照して「現象即実在論」的の思想を表明したのは、すでに明治一八年（一八八五）の『仏教活論序論』等においてでした。すなわち、哲次郎よりもはるか前に、このことを唱えていたのであって、とすれば西洋哲学と仏教思想を統合的に把握しつつ哲学の究極の立場を「現象即実在」に見たのは、円了が最初というべきでしょう。もっとも円了自身はめったに「現象即実在」の言葉を使ったわけではないことにも留意すべきであり、その点については後述したいと思います。

以上、まずは井上円了が在籍した東京大学哲学科の、当時の教官の動向を見ておきました。以下、主に円了における西洋哲学と仏教思想の把握の様子をうかがうことにしたいと思います。

（5） 井上円了の哲学I——カントからヘーゲルへ

すでに記したことですが、円了は東京大学文学部哲学科において、かのフェノロサからカント、ヘーゲルやスペンサー等々の西洋哲学を学び、原坦山や吉谷覚寿からは、『大乗起信論』その他の仏教思想を学んだのでした。この学習・研究の中で円了はついに西洋の哲学に、自分の求める真理があることを見出します。そのことについて、円了は『仏教活論序論』において、次のように語るのでした。

すでに哲学界内に真理の明月を発見して更に顧みて他の旧来の諸教を見るに、ヤソ教の真理にあらざることいよいよ明らかにして、儒教の真理にあらざることまたたやすく証することを得たり。ひとり仏教に至りてはその説大いに哲理に合するをみる。余これにおいて再び仏典を閲しますますその説の真なるを知り、手を拍して喝采して曰く、なんぞ知らん、欧州数千年来実究して得たるところの真理、早くすでに東洋三千年前の太古にありて備わるを。……これ実に明治十八年のことなり。 （『選集』第三巻、三三七頁）

明治一八年（一八八五）は、東大哲学科を卒業する年です。この時にはもはや、西洋哲学が究明した最高の真理のあり方を会得するとともに、仏教はその真理と同等の真理を語っていると確信していたのです。その発見は、円了にとって大きな喜びでした。

では、その発見の内容はどういうものだったのでしょうか。

このことについて円了は、『真理金針』〔続々編〕において、次のようなことを述べています。

……すなわち絶対は相対を離れて別に存するに非ざるゆえんを知るべし。……つぎに西洋にありては、シェリング氏の哲学は相対の外に絶対を立つるをもって、ヘーゲル氏これを駁して相絶両対不離なるゆえんを証せり。今、仏教に立つるところのものはこの両対不離説にして、ヘーゲル氏の立つるところに少しも異なることなし。すなわち仏教にては、相対の万物その体真如の一理に外ならざるゆえんを論じて万法是真如《しんにょ》といい、真如の一理、物心を離れて存せざるゆえんを論じて真如是万法といい、あるいはまた、真如と万物と同体不離なるゆえんを論じて万法是真如真如是万法、色即是空空即是色という。

（『選集』第三巻、三〇四〜三〇五頁）

この記述によりますと、どうも西洋哲学においてはヘーゲルを最高と捉え、それと同等の真理を仏教も説いていると見たようであります。
周知のことですが、井上円了は哲学の重要性を世に訴える活動の一環として、四人の代表的な哲学者を選んで祭典を行うことを始めました。その四人とは、古今東西にバランスを考えて選ばれていて、孔子《こうし》・釈迦《しゃか》・ソクラテス・カントの四人であり、この四人を哲学の四聖と呼んでいます。このように、哲学の四聖の中には、特に西洋近代の代表としてカントが挙げられているわけです。実際、円了はカントを高く評価していました。『哲学早わかり』（明治三二年（一八九九）二月）には、

カント氏出でてこれ（経験・独断）を統合し、別に批判学を起こして従来の哲学の仮定独断を看破し、一大完全の組織を開きしより以後は、西洋の哲学大いに完備するを得ました。よってカント氏以後、今日に至るまでを近世哲学の完備時代と名付けます。……とにかく古代哲学にありては紀元前四〇〇年代に世に出でたるソクラテス氏を中興とし、近世哲学にては今日より百年前のカント氏を中興とする故に、余は先年、東西哲学界の四聖を選び、……

（『選集』第二巻、四八〜四九頁）

といっています。また、『哲界一瞥』（大正二年（一九一三）六月）は、哲学堂について解説し

たものですが、そこでカント（韓哲）について、「近世無二の碩学大家たるカント氏は云々」とあり、さらに「その人格性行共に学者の模標として、一点の間然するところなしというてよい。また近世の哲学はフランスのデカルト氏に始まりて、カント氏これを大成せりと申しても差し支えない」ともいっています（『選集』第二巻、七六〜七七頁）。

しかしどうも実際は、その哲学の内容において、ヘーゲルの方をより高く評価していたようなのです。では、その理由はどこにあったのでしょうか。『哲学要領』〔前編〕（明治一九年（一八八六）九月）によれば、カントの哲学は次のように評されるべきものでした。

……これを要するに氏（カント）の学、心理に基づきて研究を施したるはデカルト氏とその起点を同じうするも、客観の現象を空間と時間の二者より成るものとし、これを主観中に帰入してその心体を自覚と名付けたるは、デカルト氏の二元論と大いにその趣を異にするところなり。つぎに氏の感覚論を排して必要普遍の心力あることを論じたるはベーコン氏、ロック氏等に異なるところにして、感覚上の経験をもって原形を満たすところの材料となしたるは、諸氏に同じうするところなり。つぎにカント氏の主観論はその源ライプニッツ氏よりきたるをもって、氏とその見を同じうするところあるも、カント氏は直覚上物質の実体を知るにあらずというに至りて異同あり。しかして氏の心の外に物質の実在を定め、その実体は全く知るべからざるものとなしたるはその哲学の一大欠点にして、フィヒテ氏のその論を考正して完全の唯心論を起こしたるゆえんなり。

（『選集』第一巻、一四一〜一四二頁）

カントは、我々が見たり聞いたりするものはすでに感覚にとりこまれたもの、主観の側のものとして、唯心論に近い立場にあったのですが、その感覚をもたらす物自体が外界に存在するという立場にも立ち、結局、物心二元論に陥っていて、そこに一大欠点があるというのが、円了の判定でした。『哲学早わかり』には、このあたりを「……カント氏に至れば、ヒュームの懐疑論を破り、かつ経験独断の両主義を統合して批判哲学を起こし、唯心論より進んで物体実在論を唱え、もって新たに哲学上の大問題を提出するに至り、……」（『選集』第二巻、五一頁）と、簡潔に示しています。

さらに、『奮闘哲学《ふんとうてつがく》』（大正六年（一九一七）五月）でも、このことを「新体の歌」によって興味深くうたいあげていますので、紹介しておきたいと思います。

……つぎに出でたる豪傑は、その名も高きカントなり、深くヒュームの虚無論に、心をとどめ疑いを、起こして更に理を究め、きたえ上げたる一刀を、振るいきたりて各国の、間にもつれし哲学の、乱麻を断ちて出でにけり。
　カント一代の哲学は、独断学派の偏見と、経験学派の浅識を、打ち払いつつその本を、究めて知識の根底を、開き示せる批判学。その霹靂の一声に、白雨天地を洗い去り、たちまち光風霽月《せいげつ》を、仰ぐがごとく哲学の、世界は清くなりにけり。されどもこれの結論は、万の物の本体を、知識の外に放ち去り、真の不思議に帰せしより、ついに異論を呼び起こし、フィヒテ出でてその体を、思想の中に収め込み、唯心論の建築を、仕上げたれどもすぐにまた、……

（『選集』第二巻、二四五頁）

カントは「万物の本体」の物自体を認識の外においたのでしたが、これに対しフィヒテは、「その物の実体も意識の範囲内に帰して唯心論を完全ならしむ。……」（『哲学要領』〔前編〕、『選集』第一巻、一四二頁）とあり、つまりカントの物自体も意識内にとりこんで、唯心論を確立したのだといいます。しかしこのフィヒテの立場は、我を中心としたもので非我への配慮がなく、その点がシェリングによってさらに超克されることになったといいます。「〔シェリング〕氏はフィヒテ氏の我をもって絶対となしたるに反対してこれを相対に属し、絶対の原体は我と非我の相対境を離れてその上に位するものとなせり。そもそもこの絶対の原体は、彼我両境の相合して一体となりし点にして両境の本源なり。その本源自体に有するところの力をもって、次第に開発して彼我両境すなわち物心両界を生じ、各界また開きて万象を生ずるなり、これを進化という。この絶対の進化を論ずるものこれをシェリング氏の哲学とす」（同前、『選集』第一巻、一四四頁）とあるようです。

ところが、シェリングにおいては、相対とは別に絶対が立てられていて、そのことになお問題が残ったのであり、そこをさらに超えたのがヘーゲルであったというのです。

つぎにヘーゲル氏はシェリング氏の説の短所を補うて一層の完全を与えたるものなり。シェリング氏の我境を相対となして彼我両境の本源を絶対となしたるは、氏の哲学のフィヒテ氏に一歩を進めたるところなれども、彼我両境の外に別に絶対の体を設けたるは論理の許さざるところなり。けだし我人の知識は相対より成るをもって相対の範囲を離れては一歩も知ることあたわず。故に絶対の体、果たして相対の外にあるときはだれかよくこれを知らんや。これヘーゲル氏のシェリング氏を駁正して一家の哲学を起こしたるゆえんなり。故にヘーゲル氏は相対の外に絶対を立てずして、相対の体すなわち絶対なりとす。他語をもってこれをいえば、氏の説、相対と絶対とは全く相離れたるものにあらずして、互いに相結合して存し、絶対の範囲中に相対のあるゆえんを論定して、相対中にありてよく絶対のいかんを知り得べきものと立つるなり。この絶対の全体を理想と名付け、その体中

> 含有するところの物心両界を開発するもの、これを理想の進化という。……ドイツ哲学ここに至りて始めて大成すというべし。
> （同前、『選集』第一巻、一四四〜一四五頁）

注意すべきことは、ここに出る「理想」という言葉です。現代語のいわゆる「あるべきあり方」等のことではなく、実に本体のことにほかなりません。円了はこの理想について、『哲学要領』〔後編〕（明治二〇年（一八八七）四月）に、「つぎに理想とは物心の本体に与うるの名称にして、その体物にもあらず心にもあらず。いわゆる非物非心なりといえども、また物心を離れて別に存するにあらず。物心の体すなわちこれ理想にして、理想の表裏に物心の諸象を具するなり。故に物心は現象にして理想は実体なり。これをもって二元同体の理を知るべし。けだし二元その体を同じうするは、物心の体同一の理想なるによる。……」（『選集』第一巻、一五四頁）とも説明しています。こうして、相対にただちに絶対を見、絶対は全く相対以外の何物でもないという立場に到達したことになります。このヘーゲルの「相絶両対不二」の思想、「二元同体の理」こそが哲学の究極的な立場であると、円了は見たのでした。したがって、カントの心の外に物自体をおく説は、なお克服されなければならなかったのです。

（6）井上円了の哲学Ⅱ――ヘーゲル哲学と仏教思想

このような哲学の究極の立場に関して、今は思想史的にたどって見ましたが、もう一度、井上円了のさまざまな説明の中にこのことを確認してみましょう。円了の最晩年の著書である『奮闘哲学』には、「哲学和讃」五〇首なるものが掲載されています。そこには、次のように歌われています。


哲学界の歴史とは、唯物唯心の争いと、一元多元の戦いの、跡をとどむる古戦場。

一元論の火の前に、長き世を経てかたまりし、唯物唯心の争いの、氷もとけて水となる。

物と心の関係は、離れて離れぬ絶妙の、不一不二とぞ定むるは、一元論の極致なる。

この一元の本体は、不可思議中の不思議なり、心もことばも及ばねば、絶対無限と名付けたり。

宇宙の森羅万象は、その絶対の波にして、時方二系の際なきは、その発したる光輝なり。


（『選集』第二巻、四三六～四三七頁）

一般に唯物論は多元論、唯心論は一元論に親しいでしょう。円了によれば、西洋哲学史においては、おおよそ唯物論は唯心論へ、多元論は一元論へと進展したということになります。その一元論の極致として、ここでは物と心の不一不二と示されていますが、物と心が不二であれば、その二つを貫く何ものかがあるはずです。物と心という異なる現象に共通の本性、本体を想定しなければならず、そうするとその本体と物・心の現象との関係も問われてきます。こうして、一元も最終的には、単なる多（物）に対する一（心）ではないことはもちろん、単に物と心の不一不二のみならず、多元（物・心、現象、相対）と一元（本性・本体、実在、絶対）との不一不二であるような世界、つまり相対と絶対が一つでもないし別なのでもないような世界に帰着することにもなります。

そういう一元論の極致の内容について、たとえば円了はもっとも初期の『哲学一夕話』第一編に、わかりやすく次のように説いています。

……およそ哲学上論ずるところの問題はこれを帰するに、心のなんたる、物のなんたる、世界のなんたるに外ならず。世界は物のみにして心なしと立つるもの、これを唯物論といい、世界は心の中にありてその外に物なしと立つるもの、これを唯心論という。唯心は心の一方に僻し、唯物は物の一方に僻《へき》し、共に中正の論にあらざること明らかなり。もしその中正を立てんと欲せば、物心二者を統合して、非物非心の理を本とせざるべからず。その理の外に物心なしと立つるときはこれを唯理論という。唯理論は理の一方に偏するをもって、これまた中正の論にあらず。その理を離れて別に物心ありとするも、また正論にあらず。故に理は物心を含有し、物心は理を具備し、二者その別あるも相離るるにあらず。相離れざるもその別なきにあらず。これを哲理の中道とす。（『選集』第一巻、三五頁）

また、円了はこのことに関連して、別の書物、『仏教活論序論』においては、次のように説いています。

……物心の本体を定むるにはまず非物非心の理体を立つるより外なし。その理体これを真如という。真如は物にして物にあらず、心にして心にあらず。いわゆる非物非心にしてまたよく是物是心なり。これを非有非空亦有《やくう》亦空《やくくう》の中道という。故に余はここに唯理論の名を用うるも、その説あえて理の一辺に偏するものをいうにあらず、理と物心と相合して不一不二の関係を有するものをいうなり。これ余があるいはこれを名付けて中理論、または完理論と称するゆえんなり。（『選集』第三巻、三六七頁）

くどいようですが、まったく同じことが、『哲学要領』〔後編〕では次のように説かれています。

以上の道理に考うるに、理想の本体は物心の外に存すべき理なきをもって、これを物心の中に存すといわざるべからず。しかるときは、理想は相対中の一部分に属すべきか、果たして物心の一部分に属すと定むるときは、その体より物心の開発するゆえん解し難し。もしあるいは相対と絶対と二者全く同一なりとなすときは、二者の性質の異なるゆえん、また解すべからず。いかにこの点を弁明してしかるべきやというに、これヘーゲル氏および仏教中天台家の説によらざるべからず。今その説によるに、相対と絶対との間に範囲の大小を分かたず、同体不二と立つるなり。すなわち相対も絶対もその体同一にして、心も物も、象も体も、みな一境中にありて存するをいう。しかして物心体象の別あるは、無差別中に差別を現ずるによる。なお一体の物に表裏の差別あるがごとし。これをここに物心同体論と称す。物心同体とは、ただに物と心との二元同体なるのみならず、体と象との二元同体なるをいう。（『選集』第一巻、二〇五頁）

こうして、物・心と本体〔理想、真如〕、相対と絶対は、まったく一つの現象にあって、しかもそれが物質的現象であれ心理的現象であれ、その一つの現象の中に、物・心それら現象とその本体とが見出されるというのです。この立場は、現実世界の一つ一つに絶対なるもの、真実なるものを見出すもので、けっして抽象的・観念的にとどまらない、生命感にあふれたきわめて力強い立場に立つものといえます。

このように、西洋哲学の立場ではヘーゲルの絶対と相対とが不二であるとの立場に帰着し、しかもそれは天台の立場に同等との理解に立っています。これがあの、前に引用した『真理金針』〔続々編〕に「今、仏教に立つるところのものはこの両対不離説にして、ヘーゲル氏の立つるところに少しも異なることとなし」（第三巻、三〇五頁）とあったこととの内実でしょう。

この西洋哲学と仏教との関係をもう少し詳しく見ると、『哲学要領』〔前編〕に次の説があります。

……余おもえらく、仏教は一半は理学または哲学にして、一半は宗教なり。すなわち小乗倶舎《くしゃ》は理学なり、大乗中、唯識、華厳、天台等は哲学なり。また曰く、聖道門は哲学にして、浄土門は宗教なり。（このあと、小乗倶舎＝唯物論に相当と論じます。）

つぎに大乗唯識の森羅の諸法、唯識所変と立つるは西洋哲学中の唯心論に似たり。その第八識すなわち阿頼耶識《あらやしき》はカント氏の自覚心、またはフィヒテ氏の絶対主観に類す。つぎに般若《はんにゃ》の諸法皆空を談ずるは西洋哲学中、物心二者を空ずる虚無学派に似たり。つぎに天台の真如縁起《しんにょえんぎ》は、西洋哲学中の論理学派すなわち理想学派に似たり。その宗立つるところの万法是真如、真如是万法というはヘーゲル氏の現象是無象、無象是現象と論ずるところに同じ。起信論の一心より二門の分かるるゆえんは、シェリング氏の絶対より相対の分かるる論に等し。そのいわゆる真如はスピノザ氏の本質、シェリング氏の絶対、ヘーゲル氏の理想に類するなり。

（『選集』第一巻、一〇三〜一〇四頁）

このように井上円了は、天台家の思想を真如縁起説と見ているのです。天台宗の教理を真如縁起説というべきかどうか、また真如縁起とはどのようなことをいうものなのか、当時の仏教学者の説なども参照しながらもう少し詳しい検討も必要だと思われますが、その天台宗の代表的な思想に、「一色一香無非中道《いっしきいっこうむひちゅうどう》」（一色一香、中道に非ざる無し。『摩訶止観《まかしかん》』）があります。これは、現実の事物の中に絶対を見る思想で、相対と絶対の二元論を完全に克服した立場といえます。逆にいえば、ヘーゲルの哲学的立場も、これに等しいと見ていたということになるでしょう。確かに「現象是無象、無象是現象」であれば、そのように見ることも十分可能になります。仏教の真如とは、法性《ほっしょう》（諸法の本性）であり、それは空性《くうしょう》でもあって、けっして有なるものではありません。ヘーゲルの理想（本体）についても、ここに無象とありますが、それは空性に通じるものと円了は理解していただろうと私は推察いたします。そうでなければ、現象（相対）の外の実体的存在として本体（絶対）を見ることになってしまうからです。

というわけで、円了は確かに『起信論』をドイツ哲学の系譜にきわめて親しいものと受け止めています。しかしそれは、ヘーゲルよりも、むしろ一歩手前のシェリングと同等と述べ、その上でその真如についてはヘーゲルにも類するという言い方をしています。一方、天台家の思想を真如縁起説と見、かつヘーゲルと同等と見なしています。どうも『起信論』よりも天台のほうをやや上に見ているのです。その背景には、吉谷覚寿に天台教学を習ったことがあるのでしょう。その意味では、実は原坦山以上に覚寿の影響を受けていたといってさしつかえないと思うのです。

なお最後に、この「万法是真如、真如是万法」の立場を、まさに「現象即実在」論といいたいところですが、実は針生清人《はりゅうきよと》はこの言葉について、『井上円了選集』第一巻の「解説」において、次のように語っています。

……「現象即実在」という語は円了にあっては、ただ、一カ所『哲学新案』（一五一頁）において用いられている。それは必ずしも肯定的な使い方ではなく、諸説諸論は一方に偏するのが常であり、「現象即実在」を肯定すれば、実在は現象の外にありとの反論が生ずるといい、一つの意見に立つのではなく、物心両界を統一するものを主張する筋道において用いられている。円了はその意味では、両界を統一する「本体」（一如、如元、真元）を追究するのであって、「現象即実在論」を主張するものではなく、かえってそれを超えようとしていたといい得るが、円了の考えの根底にはそれがあったと思われる。

（針生清人「解説」、『選集』第一巻、四二三頁）

ややわかりにくい解説ですが、これによれば、円了の言葉としては現象即実在論の言葉は使われていないといってよく、たとえば物心同体論、二元同体論、というような言葉が使われるのですが、その同体論の意味内容については、一一の物・心の現象に絶対を見るものであること、および同体の言葉に含まれる関係性は不一不二の関係であること、その不一不二の関係にあるのは、物と心のみでなく、物・心の現象と本体との関係等をも含むものであること、には留意しておくべきでしょう。

以上、円了の世界観に関する基本的な立場について確認しました。

第三章　井上円了の哲学（下）実践編

（1）井上円了の哲学Ⅲ——相含説の哲学

前章では、井上円了の存在に関する哲学、世界観について見ました。本章では、円了のその哲学に基づく実践論に焦点をあてて、その内容を見てまいります。

明治四二年（一九〇九）一二月の『哲学新案』においては、前章に見たような基本的な立場をふまえ、現象と実在、相対と絶対の関係等について、さらに掘り下げた議論がなされています。たとえば、次の説明があります。

物如と心如との一体相含なるの理は、物界の根底に万象万化を統一するものあり。心界の基址に万想万感を統一するものあるのみならず、物心両界の深底にも、両界を統一するものありて、物心の一致調和を見るの事実に照しても明らかなり。その本体をなんと名付くべきや。余はこれを一如、また如元、または真元といわんとす。その一如の体に万象、万感を具備し懐抱し、兼帯し包含して物心両界を開現すると共に、万象、万感が一如真元を具備し懐抱し、兼帯し包含して、重々無尽なる以上は、一物一分子一元素中にも、一如真元を包有し、一心一感一想中にも、一如真元を含蔵し、これまた重々無尽なり。

（『選集』第一巻、三五四頁）

さらに次のようにもあります。

前述のごとく両端呼応し、両極反響する有様は、対鏡の互いに相映ずるに比して可なり。ここに二個の鏡面ありて、互いに対向するときは、甲鏡の中に乙鏡を含むを見、これと同時に乙鏡の中に甲鏡を含むを見る。かくしてその相《あい》映写すること重々無尽なり。吾人の思想の反応、象如の相含も、これと同じく重々無尽なり。ひとり心象中にこの無尽の相を浮かぶるのみならず、物象中にも無尽の相を具す。鏡面の方は二個異体の相含なれども、宇宙の本体たる一如の方は、一体両象にして、その間に重々無尽の関係を有す。その状態は到底吾人が心頭に写し出すことあたわざれば、これを宇宙真相の妙中の妙、玄中の玄、玄妙の蔵と名付くるより外なし。……

（同前、三五五頁）

これらの文章の内容は、それこそ玄妙にして理解しがたいものですが、要は、一事物（一つの物でも一つの心でもよい）の中に、自他の物象、物体、自他の心象、心体、物心同源の真如等々が具備されていて、一事物はあくまでもそれ自身ですがそこに具備されている内容には実に重々《じゅうじゅう》無尽《むじん》の関係があることを見るものです。ここまで来ると、やはり華厳《けごん》仏教（『華厳経』に基づき、唐代にその思想が体系的に組織された）で、一入一切《いちにゅういっさい》・一切入一《いっさいにゅういち》、一即一切《いっそくいっさい》・一切《いっさい》即一《そくいち》の事事無礙《じじむげ》法界《ほっかい》を説く教理とほとんど同じ内容を説いているということになるでしょう。円了のこの玄妙中の玄妙の立場の内実は、まさに華厳思想そのものです。

実際、すでに『仏教活論序論』においても、究極の中道を説く説として天台と華厳とを挙げていますし、そこではさらに「故に仏教には芥子《けし》納須弥《のうしゅみ》、須弥納芥子の語あり。華厳宗に談ずるところの事々無礙の法門、またこの理に基づく。その法門とは一塵一毛もその体真如より現ずるをもって、おのおのその中に真如の理を具すると唱うるものをいう。これによりて宇宙間の事物互いに相融通して、更にその間に隔歴するところなきを知るに足る。その他、仏教中に十界互具《じっかいごぐ》の義ありて、十界中おのおの他の九界を具するゆえんまた推知すべし」（『選集』第三巻、三七三頁）ともあります。なお、後にみるように円了の「仏教道しるべ」（『奮闘哲学《ふんとうてつがく》』）には、「天台宗は一心の、うちに世界を融合し、真如の体と万法と、同体不離を唱うれど、一事一物一塵の、うちに一切万法の、融通無礙を開示せぬ。しかるに華厳はこの無礙を、立つるにおいて異なれり」（『選集』第二巻、二七三頁）とありますので、円了は事事無礙まで説くのは華厳の独擅場であることを認識していたことが分かります。この天台と華厳の相違点に関する理解は、華厳宗第三祖といわれる賢首大師法蔵が著した華厳教学の綱要書、『華厳五教章《けごんごきょうしょう》』には明確にみられる立場であり、円了はその立場に拠ったといえます。ちなみに、空海《くうかい》（七七四～八三五）が「十住心論《じゅうじゅうしんろん》」説（『秘密曼荼羅十住心論《ひみつまんだらじゅうじゅうしんろん》』、『秘蔵宝鑰《ひぞうほうやく》』）において、密教を最高の第十住心としつつ、天台を第八住心、華厳を第九住心に配列した背景にも、この考え方がありました。

（2）井上円了の哲学Ⅳ――循化の哲学

しかもこの重々無尽の関係を具えた一事物とは、時間的存在でもあります。けっして静止的

（スタティック）な実体ではなく、まさに現象として刻々推移していくものでしょう。ここで円了は、ただに動的というのみならず、あるいは進化し、あるいは退化し、しかもこのことを繰り返して、いわば「循化《じゅんか》」し「輪化」するものだといいます。この「循化」の思想も、円了の哲学の重要な柱の一つです。まず、『哲学要領』〔後編〕の説、ついで『哲学新案』の説です。

かつそれ進化と溶化とは相対にして、一を欠いて他のあるべき理なし。たとえまた進化作用ひとり存するも、その変化、理想の範囲の外を出づることあたわざるをもって、進化の極、必ずその始めに帰せざるべからず。故に進化もその極点に達すればまた溶化し、溶化もその極点に達すればまた進化し、互いに相循化してやまざるなり。これによりてこれをみれば、循化の規則は理想の性質もとよりしかるところにして、二元一体の原理より派生する理法なり。故に二元一体なれば循化作用なからざるべからず。循化作用あれば二元一体ならざるべからず。これ余が循化作用をもって二元一体の規則とし、二元一体をもって循化作用の原因とするゆえんなり。

（『選集』第一巻、二一二頁）

縦観の所見はここに至りて大略述べ尽くしたり。さればその要点を再約するに、宇宙の真相を世界の古今にわたりて縦観しきたり、現界の前後に無数の世界ありて、進化退化、開発閉合を反覆し、無始より無終まで、無限の輪化を継続するを知り、過現来三界、輪化無窮というに外ならざるなり。もしまた一界紀間の大進化大退化の間に、無数の小進化小退化あり、社会の盛衰、吾人の死生、草木の栄枯、山河の成壊等の一進一退あり。また一草一木を組成せる細胞にも、一進一退ありて、輪回反覆窮りなきを知らば、輪化中に輪化ありて、重々無尽なるを見るべし。これを輪化無窮、重々無尽といわんのみ。これ縦観の真相なり。

（『選集』第一巻、三一二頁）

このように、宇宙にはさまざまな地平において無限に循化・輪化してやまないものがあり、ある一事物にはその関係するすべての地平の循化・輪化が具備されることになります。すなわち一事物に時間的に、過去・未来そして現在との重々無尽の関係を見るものです。まさに「輪化中に輪化ありて、重々無尽なる」のが、その実相なのです。一方、すでに見たように、一事物は空間的にも他のあらゆる事物と重々無尽の関係にあるのでした。こうして一事物は、無限に拡がる空間的・時間的に重々無尽の関係を具備したものなのであり、物心同体論の究極は、次のような立場に極まります。

縦観にありて重々無尽の輪化あるを知り、横観および内観にきたりて重々無尽の相含あるを見る、これ実に縦横にわたれる重々無尽なり。もし理性の無限眼をもってうかがわば、時方両系を一心の所現と体達しきたるべし。しかるときは無限大は一針孔中にはいるべく、無限劫は一電光間に縮むべく、重々無尽の輪化も一瞬一息と化し去るべし。ここにおいて最大の極と最小の極との一致を見、最長の極と最短の極との合体を知る。更にこの理を推して一分子一元素は、宇宙世界の胎内に収蔵せらるると同時に、宇宙世界は一分子一元素の嚢底《のうてい》に包括せらるるがごとき相含あるを知るべきなり。……

かくのごとく想見しきたらば、重々無尽の輪化と重々無尽の相含との更に相含せるを悟了すべし。一心は開きて無限の時方をあらわし、一念は動きて無限の輪化を営むと同時に、無限の輪化は一念中に帰し、無限の時方は一心中に入る。これ宇宙の真相中の真相にして、玄妙の上に更に玄妙を重ねたるものというべし。

（『哲学新案』、『選集』第一巻、三五五～三五六頁）

縦観は時間的、横観は空間的のことです。縦・横において重々無尽であり、重々無尽の時間的関係と重々無尽の空間的関係が、ある一つの事物の中に具わっているのです。このあたりはもはや、ヘーゲル（一七七〇～一八三一）をも超えて、十全に宇宙の真相を究明しているといえるのではないでしょうか。しかしその背景には、多彩な仏教思想の中でも、とりわけ華厳の

仏教思想が大いに関わっていたことを思わずにはいられません。なお、『奮闘哲学』においても、

かく説ききたりて最後に循化説と相含説との関係いかんを尋ぬるに、縦中に横を含み、横中に縦を含む道理にて、循化説中に相含説を含み、相含説中に循化説を含むことになる。しかしてその相含がまた循化することになり、循化にして相含、相含にして循化と答えざるを得ぬ。これが宇宙の真理なりというのが、余が天地の活書を読んで得たる哲学である。

(『選集』第二巻、二五三頁)

とあって、今の『哲学新案』の説を踏襲しています。さらに、「そこで余の自得の宇宙観を一括するに、前に述べたる循化説と相含説との二者である」(『選集』第二巻、二五一頁)ともありますから、円了の哲学(世界観)は結局、「循化にして相含、相含にして循化」という、相含説と循化説(輪化説)の統合に帰着するといえるでしょう。

（3）円了の活動主義の哲学

というわけで、円了はこの現実世界の諸の現象一つ一つに対して、重々無尽の縁起の相を見ると同時に、相含《そうがん》と循化ということを見るのでしたが、そうであればその現象の一々は、静止的ではなく動的であることになります。実際、円了は物的・心的現象の一つ一つについて対象的・固体的に捉えられるべきではなく、活動態であると見ていました。のみならず、円了は結局、人間としてもひたすら活動することこそが大切なのであり、そのことこそが哲学のもっとも究極の立場だと見きわめているのです。それはいわば、「活動主義」とでも呼ぶべき立場です。これまで、世界のあり方に関するやや複雑な理論の展開を見てきましたが、私はむしろこのシンプルな「活動主義」こそが円了の哲学の核心であると思います。しかも同時にその哲学は人生観にも直結するものであって、私たちの生き方の根本的な指針ともなるのです。

まず、円了は活動主義の背景となる思想について、『奮闘哲学』において次のように説いています。

……見よ鳥は飛び魚は泳ぎ、水は流れ雲は動くではないか。これみな無字の経、不文の教えではないか。これを一括していわば、物みな活動しているではないか。しからば吾人もまた活動すべきが当然である。しかして活動はなんによって起こるかというに、宇宙の内部に潜在せる大勢力の発動である。この勢力によって世界が循化するに至る。しかしてその勢力の至純なるものが吾人の精神内に伝わり、わが生来固有せる先天の良心となりて、われに命令を与うるに至る。故に外に万物の活動を見、内に良心の命令に聴かば、人生の目的おのずから判明し、己の力のあらん限りを尽くして、向上活動すべきものなるを自覚するに至る。（『選集』第二巻、二五五〜二五六頁）

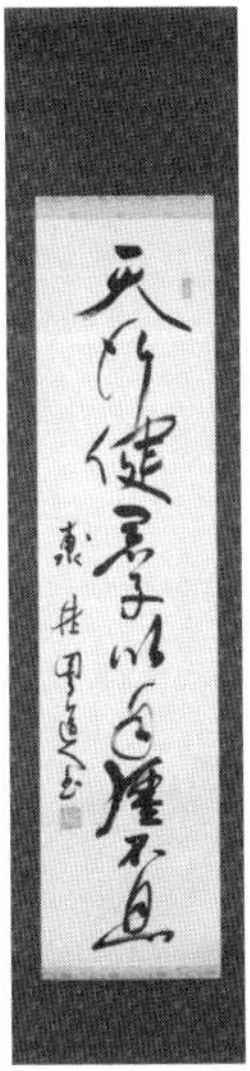

「天行健君子以自彊不息」（東洋大学井上円了記念センター蔵）

これは、『易《えき》』に、「天行健《てんこうすこ》やかなり、君子《くんし》、以《もっ》て、自彊《じきょう》して息《や》まず」とある句を、わかりやすく解説したものと見ることができるでしょう。禅の世界にもまた、「一日作《な》さざれば、一日食らわず」（百丈）という言葉があり、その心はただ孜々《しし》としてはたらくのみ、というものです。そのように、この活動主義の根底には、東洋的世界観があるといってよいと思います。西田《にしだ》幾《き》多《た》郎《ろう》（一八七〇〜一九四五）の『善の研究』の「純粋経験」も、自発自展する活動態であり、円了の活動主義と西田の活動主義とはどこかで通じていたのかもしれません。

なお、ここに出る良心のことについて、円了はさらに詳しく、次のように説いています。

世界中の万物はみな活動して、しかも自彊やまざるものなれども、彼らは無意識、無自覚の盲動に過ぎぬ。しかるに人類は万物の霊長といわるるだけありて、内に良心のわが挙動を指揮するあれば、その指揮に従って進行せなければならぬ。今日の哲学者は良心を分析して、あるいは経験よりきたるといい、あるいは遺伝より生ずといい、あるいは利己心の分化なりというも、これ桜の花の美なるを見て、これを分析解剖すると同じく、良心を破壊するに過ぎず。桜の花は分析せざるところにおいてその美を存す、良心またしかりである。もしその良心の由来を探らば、多少経験によりて発育の状態を異にするは必然なるべきも、その内部には前世界、前々世界ないし無限の前世界より直伝せるものなるを知り、結局宇宙の真髄すなわち大精神より分化しきたれることを知了するに至るであろう。故に良心の声は宇宙の命令がわが心内に伝わるものと信じて、その命令に従うをもって吾人の天職とせなければならぬ。これまた吾人と宇宙との相含せる一証となして差し支えない。

（同前、二五六頁）

人間以外のあらゆる事物にあっては、動物であっても自由意志の下にはたらくものではありません。ただ人間だけが自分で自分自身を、また世界を規定しかえすことができます。それは人間は知性を有しているからです。円了はその根底に、良心というものがあるのだといいます。円了は自己にはたらいている宇宙の大精神を信頼し、それが良心の声となって自身に伝わるそのもとで、ひたすらはたらきぬくことを尊ぶのでした。

こうして、円了は自身の究極の哲学観について、『奮闘哲学』に次のように説くのです。

> 余は従来、古今東西の哲学者の諸論もその大要だけ一通り研究し、その帰するところ人生の目的は活動に外ならぬと自得し、哲学の目的も人生を向上するに外ならぬと知るし、爾来、活動主義をとりて、今日に至るものである。
>
> 活動はこれ天の理なり、勇進はこれ天の意なり、奮闘はこれ天の命なり。
>
> 活動是天理也、勇進是天意也、奮闘是天命也、
>
> これが余の主義である。すなわち吾人の天職はこの活動によりて、人生を向上せしむるにありと自信している。しかしてその向上は一身より始めて一国に及ぼし、一国より世界に及ぼすをもって順序を得たるものとし、何人も国家のために尽瘁せよと唱えている。
>
> （同前、四四二～四四三頁）

円了は、古今東西の哲学書を学んで、結局、「人生の目的は活動主義に外ならぬ」という了解に到達したのです。その自覚に根ざした「活動はこれ天の理なり、勇進はこれ天の意なり、奮闘はこれ天の命なり」の言葉は、円了の哲学の究極をあますところなく示すものです。この言葉こそ、円了最晩年の著作『奮闘哲学』の書名の由来であるに違いありません。

（4）円了の人生哲学へ

この活動主義は、時間的な変化を前提としています。それは時間の中でいたずらな無常感に陥ることなく、むしろきわめて前向きで力強い人生観を導きます。変化があればこそ、どこまでも前向きに前進する思想となるのです。たとえば、以下のようです。

もし死書を投じて天地の活書を読みきたらば、その煩悶は必ず一掃し得るに相違ない。仰ぎて天行を見、俯して地文を察するに、寒後に暖あり、雨後に晴あり、暗後に明あり、明後に暗ありて、循環窮まりなきをみる。これ余のいわゆる循化である。シナ哲学にては陰陽消長の理をとり、陰窮まりて陽生じ、陽窮まりて陰生ずるゆえんを示してあるのは、この循化相含を証明するものである。よって余の人生観に関する格言は、

苦にするな、あらしの後に日和あり、
人生はあらしばかりと思うなよ、しばしまつ間に日和とぞなる、
雨後晴あり、寒後暖あり、苦後楽あり、禍後福あり、死後生あり、
世事は天候のごとく、雨余必ず晴を見る、禍きたれば君自重し、福めぐれば笑い相迎う。
（『奮闘哲学』、『選集』第二巻、二五四頁）

確かに人生は苦しみの連続以外の何ものでもないでしょう。しかしそれはいつか必ず転じ開けていきます。よく窮すれば通ずといわれますが、変化してやまないのが人生の真実に違いありません。そこでどこまでも楽観的になるのが円了の真骨頂なのでしょう。このように、存在に関する深い哲学から活動主義に出てきて、しかもそれを日常の生き方に結び付けており、哲学者・円了はけっして単なる観念論者ではないことが知られます。次はさらにくだけた感のある説示ですが、苦楽は相含的なのであり、苦の中に楽はあり、楽の中に苦があることについて、円了は以下のように述べています。

元来、人生の苦楽は相対的、比較的のものなることも心得おかねばならぬ。貧乏は苦痛である、しかし、幸いに無病健全なるを思いきたらば、楽観することができる。病気は苦痛である。しかし死することに比すればいくぶんの快楽を感ずることができる。また一災難にかかりて悲観するも、それ以上の災難に比較すれば楽観することができる。ここに火災にかかりて全焼したるものあらんに、見舞いにきたるものが家族のものはみな無事であったと聞きて、それは不幸中の幸いであるという。そのときは何人も必ず悲観中に楽観を浮かぶるに相違ない。また苦楽は習慣によりて転換することも知らなければならぬ。いかなる人も苦に慣るれば苦がかえって楽となる。また楽に慣るれば楽がかえって苦となる。始めて大臣になりたるときには非常の愉快を感ずるも、永く大臣になっていると、大臣は苦にしてかえって民間にいる方が楽と思うに相違ない。始めて牢獄に入るものは非常の苦痛を感ずるも、長く継続するときはその苦中におのずから楽を生ずるに至るということだ。つまり苦楽も循化し、また相

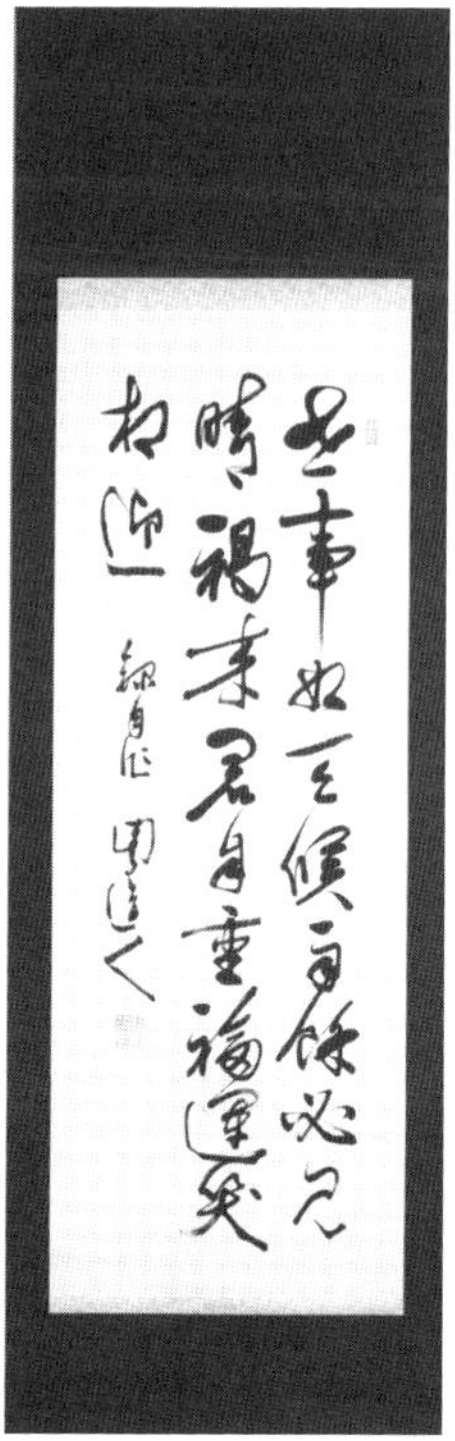

「世事如天候　雨餘必見晴　禍来君自重　福運笑相迎」（東洋大学井上円了記念センター蔵）

含せるものである。

（同前、二六二〜二六三頁）

苦楽は循化しますが、仮りにしなくてもその中に処することで楽を見出すことさえできるといいます。結局、楽なら楽、苦なら苦に徹すれば、そこに楽があるのでしょう。「日日是好日」とは、そういうことなのだろうと思われます。

さらに、円了が無常感を翻して楽観的な見方を開く仕方を述べる文をいくつか紹介しておきましょう。

……また「満つれば欠くる世の習い」といえば悲観を催しきたるも、これを転倒して「欠くれば満つる世の習い」といえば楽観を促しきたる。また「盛者必衰、会者定離」といえば悲観を免れ難きも、「衰者必盛、離者定会」と唱うれば楽観を生じきたる。また「祇苑精舎の鐘の声は、諸行無常の響きあり、沙羅双樹の花の色は、盛者必衰の理をあらわす」と観じされば悲観することになるも、もしこれを余の格言のごとく、

祇苑精舎の鐘の声、青年立志の響きあり、沙羅双樹の花の色、大器晩成の理をあらわす。

祇園精舎鐘声有二青年立志之響一、沙羅双樹花色顕二大器晩成之理一、

と説ききたらば、楽観するようになる。要するに悲観楽観は見る人の心の用い方と、見ら

れたるものの方面のいかんによりて分かるるのである。

（同前、二六〇頁）

古来、日本の知識人は、無常観を基に、脱俗へを志向し、その結果、山居を愛し、風雅を愛《め》でたりしました。そこにとどまる限り、現実からの逃避以外の何物でもないでしょう。しかし円了は無常ということを生成発展の原動力と見なし、そこに宇宙の大勢力の展開を見るのでした。

次に円了がこの活動主義の立場から、元来、無常観をふまえて生死を解脱し涅槃に入ることを謳う「いろは歌」に、斬新な見解をもって改案していることをご紹介したいと思います。やや長くなりますが非常に興味深いものなので、すべて引用しておきます。

余は自ら向上的活動を人生の目的、吾人の天職と定めているから、厭世悲観するを嫌い、古来の悲観的文章を楽観的に改作することにしている。その一例に「いろは」の改作を試みて、拙著『明治徒然草』に掲記しておいたから、左にその全文を転載しよう。

「旧いろは」は多少の異説なきにあらざれども、大体においては弘法大師の作として伝えられ、実に空前絶後の傑作にして、涅槃経の四句の偈文を和訳したる長歌なることは、何人も熟知するところなり。しかるにその偈文すでに出世解脱の要旨を示し、「いろは」の歌も厭世の意を帯びたれば、世間に住して奮闘活動するものに適せざることまた明らかなり。故に余は不才にして、大師の名歌を改作するほどの技量なきはもちろんなれども、せめて出世間的を世間的に変じ、厭世的を楽天的に改めんとの志望を起こし、卑俗の語を用いて、左のごとく試作したり。その各行において新と旧とを対照し、かつ偈文をも添うることとなせり。従来の偈文の「諸行無常、是生滅法、生滅滅已、寂滅為楽」は出世間道なれば、これを世間道に改めて、「諸行無常、是生滅法、誰願寂滅、生滅為楽」となし、全く反対の意をとれり。すなわち左のごとし。

いろぞにほへどちりさらん（諸行無常）（旧）イロハニホヘドチリヌルヲ（諸行無常）
つねなきうゐのよであるも（是生滅法）（旧）ワガヨタレゾツネナラム（是生滅法）
たがおくやまをけふゆめむ（誰願寂滅）（旧）ウヰノオクヤマケフコエテ（生滅滅已）
われみじゑひずこえはせぬ（生滅為楽）（旧）アサキユメミジヱヒモセズ（寂滅為楽）

（字解）「ちりさらん」は「散り去らん」の意、「うゐ」は有為転変の義、「たが」は誰なり。

（義解）第三句第四句は「旧いろは」の「ウヰノオクヤマケフコエテ」に対して、だれが有為の奥山を今日越えんとするの夢をみるか。われはそのようなる夢もみず、またかかることに酔いもせず、故にあえて奥山を越えず、この世をもって満足しているとの意味なり。
右の「旧いろは」につきても、むかしわが国の事情が悲観の方を歓迎する時代であったから、仏教中の悲観の文句に基づきて作られたことが分かる。しかるに今日は時勢一変した以上は、「いろは」これに伴って一変しなければならぬ。（同前、二六〇〜二六二頁）

ここで、『涅槃経《ねはんぎょう》』の偈の最後の句、「寂滅《じゃくめつ》を楽と為す」を「生滅《しょうめつ》を楽と為《な》す」に変える見識は、まことに見事というほかありません。最後の、この世を「越えはせぬ」の句も、けっして涅槃に沈みこまず、どこまでも、この世間の中にあって活動するのだとの意を伝えており、それは大変な見識を表していると思います。

小乗仏教の涅槃は、無余依涅槃《むよえねはん》といい、また灰身滅智《けしんめっち》ともいって、業果《ごうか》としての身心（依）を完全に滅した、あらゆる作用を離れた無為《むい》の世界と考えられていました。これに対し大乗仏教の涅槃は無住処涅槃《むじゅうしょねはん》というものであり、それは生死《しょうじ》にも住さないが涅槃にも住さない、どこにも住さないで、むしろ生死の世界に入って衆生救済の活動にはたらいてやまないところに涅槃を見る、というものなのです。

あるいは、菩薩《ぼさつ》は願って悪趣に生まれる、といいます。一切法の空《くう》を洞察しているがゆえに、地獄《じごく》・餓鬼《がき》・畜生《ちくしょう》等、どんな世界にもあえて自ら入っていって、苦しんでいる衆生を救済すべくはたらいてやまないというのです。円了の説く「生滅を楽と為す」は、そういう菩薩の立場に言及するまでもなく、私たちのいのちのおのずからのはたらきとして、今・此処ではたらきぬくところにこそ楽しみがあるというものではあるでしょう。それにしても円了の厭世主義を克服しようとする意志の強さには、敬服するほかないものがあります。

また蓮如（一四一五～一四九九）の『白骨の御文』（『御文《おふみ》』の五帖目第一六通「白骨」。西本願寺では『白骨の御文章』）は、「朝には紅顔ありて夕には白骨となれる身なり」等と厳しい無常の世を訴える名文ですが、円了はその替え文でむしろひたすら奮闘すべきことを語るものがありますので、それも紹介しておきます。

それ人間の盛んなる相をつらつら観ずるに、おおよそ楽しきものはこの世の始中終、極楽のごとくなる一期なり。さればいまだ地獄の苦を受けたりということをきかず。一生送りやすし。今の世においてだれか悲観の淵に沈むべきや。われやさき人やさき、苦をいとわず労をいとわず、互いに競うて働く人は必ず福禄を招くといえり。されば朝には貧困ありて夕には紳士となれる身なり。すでに成功の春きたりぬれば、すなわち艱難の氷とけて観楽の花を開きぬれば、霜枯れもたちまち変じて桃李のよそおいをなしぬるときは、六親眷属集まりて天に舞い地に踊るも、更にその喜びを尽くすべからず。たとえ寿命窮まりてこの世を去るに及びても、功名は千歳の後にまで残るべし。うれしというもなかなかおろかなり。さればたれの人もはやく成功の一大事を心にかけて、己の力のあらん限りを尽くし奮闘すべきものなり。あなかしこ、あなかしこ。

（同前、三一六頁）

〔参考：それ、人間の浮生《ふしょう》なる相をつらつら観ずるに、おおよそ儚きものは、この世の始《し》中《ちゅう》終《じゅう》、まぼろしのごとくなる一期《いちご》なり。されば、いまだ萬歳《まんざい》の人身《にんじん》をうけたりという事を聞かず。一生すぎやすし。今に至りて誰か百年の形体《ぎょうたい》を保つべきや。我や先、人や先、今日とも知らず、明日とも知らず、遅れ先立つ人は、元のしずく、末の露《つゆ》より繁しと言えり。されば、朝《あした》には紅《こう》顔《がん》ありて夕《ゆうべ》には白骨《はっこつ》となれる身なり。すでに無常の風きたりぬれば、即ち二つの眼たちまちに閉じ、一つの息ながく絶えぬれば、紅顔むなしく変じて、桃李《とうり》の装いを失いぬるときは、六親《ろくしん》眷属《けんぞく》あつまりて嘆き悲しめども、さらにその甲斐あるべからず。さてしもあるべき事ならねばとて、野外に送りて夜半《よわ》の煙となし果てぬれば、ただ白骨のみぞ残れり。あわれといふも、なかなか疎かなり。されば、人間の儚き事は、老少不定《ろうしょうふじょう》のさかいなれば、誰の人も早く後生の一大事を心にかけて、阿弥陀仏を深く頼み参らせて、念仏申すべきものなり。あなかしこ、あなかしこ。（『白骨の御文』）〕

あるいはまた、興味深いことに、哲学におけるこの活動主義を、円了は法然《ほうねん》（一一三三〜

一二一二）の『一枚起請文《いちまいきしょうもん》』（法然が最晩年に、浄土教には学問は要らない、ただ称名念仏《しょうみょうねんぶつ》すればよいと説く短い文章）になぞらえて、次のようにも述べています。

和漢西洋のもろもろの学者たちの沙汰し申さるる哲学の学にもあらず、また学問により諸家の書を読み尽くして唱うる哲学にもあらず。ただ忠君愛国のために奮闘尽瘁すれば、疑いなく人生の本務を尽くし得ると心得て活動する外には、別に子細候わず。ただし宇宙観、人生観などと申すことの候は、みな決定して奮闘尽瘁すれば、人生の本務を尽くし得るうちにこもり候なり。この外におくふかきことを存ぜば、かえって哲学の本旨にはずれ、人生の目的にもたがうべし。哲学を行わん人はたとえ古今の哲学をことごとく学ばずとも、一文不知の愚鈍の身になり、田夫野人《でんぷやじん》の無知のともがらに交わり、学者の振舞いをせずして、ただひたすらに活動すべし。（同前、二八二〜二八三頁）

〔参考：もろこし我が朝にもろもろの知者の沙汰し申さるる観念の念にもあらず。また学問をして念の心を悟りて申す念仏にもあらず。ただ極楽往生のためには、南無阿弥陀仏と申して疑いなく往生するぞと思いとりて申すほかには、別の子細そうらわず。但、三心四修と申す事のそうろうは皆、決定して、南無阿弥陀仏にて往生するぞと思う内にこもりそうろうなり。このほかに奥深きことを存ぜば二尊のあわれみにはずれ、本願にもれそうろうべし。念仏を信ぜん人はたとい一代の法をよくよく学すとも、一文不知の愚鈍の身になして、尼入道の無知のともがらにおなじゅうして、知者のふるまいをせずして、ただ一向に念仏すべし。両手の印をもってあかしとなす。（『一枚起請文』）

ここの「忠君愛国」の語は、現代においては、「地球社会」への真摯な貢献に換えて読むのがよいと思います。ともあれ、人生の本務に関して「決定して奮闘尽瘁す」ること以外、奥深いことは何もないと、明瞭に示しています。円了は万巻の書を読んだといって差し支えないほどですが、しかもその上でこの単純明快な立場に徹底し得たことは、私には感動的ですらあります。

さて、この無常の世を前向きに捉え、ひたすら活動するとして、ではいったい何をめざして活動すべきなのかといえば、今も「忠君愛国のため」とありましたが、やはり今日では「地球社会の公正で豊かな発展のため」にということと解すべきでしょう。けっして自分の金儲けのためでもなく、名声を得るためでもありません。いわば、他者のためにひたすら働くべきなのです。円了において、このことはきわめて明瞭です。

たとえば、法然は専修念仏《せんじゅねんぶつ》を開いた祖であり、その易行《いぎょう》の念仏は当時、身分の位の高低を問わず野火のように広まったといいますが、その念仏等をめぐっても、円了は次のようなことまで述べているからです。

念仏につきても悲観的念仏を排して、活動的念仏、奮闘的念仏を唱え、自らその意をよみたる道歌がある。

念仏を唱えて国に尽くすこそ、南無阿弥陀仏の本意なりけれ
念仏を唱えて奮闘努力せよ、仏恩報謝はこの外になし
国のため己をすてて働くは、念仏行者の本分と知れ

禅宗につきても同様に活動的禅を唱えている。

達磨さん九年面壁するよりも、手足を使ってウンと働け

これ余が達磨に題したる賛である。あるいは「九年面壁是古禅、一生奮闘是新禅」とも、また「勇進活動是真禅」とも唱えて、活動主義を勧めている。（同前、二八二頁）

このような「念仏を唱えて国に尽くす」という立場は、円了の国家主義的な一面を如実に表すものであり、そこに限界を見るべきかもしれません。後の仏教界の戦争協力の問題などは、今日、厳しく反省しなければならないでしょう。ただ円了の真意は、念仏の救いが世間からの離脱を導くのでは真の仏道とはいえない、宗教的救いを得た立場から現実世界の改革をめざし

ての奮闘に出てくるべきだということであるはずであり、無批判な世間への追随を促すものではありえないでしょう。円了は真剣に現実の仏教界と社会の改革を目指していた人です。ここに出る「国」は、前にも述べたとおり、今日では「地球社会」と読み替えるべきです。

また、禅をめぐって「一生奮闘是新禅」「勇進活動是真禅」とあるのは、要は活動・勇進・奮闘に真実のいのちの世界があるということでしょう。もっとも禅の世界では古来、「他の癡聖人を傭うて雪を担うて井を埋《うず》む」（雪を井戸にほうりこんで埋めるような無意味なことにせっせと励んでやまない）というような世界が尊ばれているのであり、実は「一生奮闘」こそまさに「古禅」だといってもさしつかえないはずです。円了が生きた頃の日本の禅に、その活力が失われていたのでしょう。ともかく、円了の哲学の核心は、ひたすら己を捨てて他者のために働く活動主義にあったのです。

「奮進如虎活躍似龍」（東洋大学井上円了記念センター蔵）

なお、自己の個人においての苦楽の循環・相含は否めないと同様、時代・社会の盛衰も否めないはずであり、将来に不安を覚えるかもしれません。しかしこの点においても、円了の考え方はきわめて積極的です。

世界循化の理より推すに、進化の後に退化あるを否定することはできぬ。しかれども今日以後、幾千万年の後まで進化し得るかは測り知るべきでない。いずれ退化の時のきたるは永遠の将来と考定して、進化の極度に達するまでは、奮進努力せなければならぬ。またたとえ退化するにしても、つぎの世界のあることを知らば、これに向かって善果を開くために、善因の修養に努力せなければならぬ。つまりわが内包の潜勢力がいずれの点まで開発し得らるるかを自身において試験する心得にて、国家社会のために奮闘努力すべきである。

(同前、二五六〜二五七頁)

政治・経済の世界も、成長と衰退をくり返すのかもしれません。しかし衰退期に入ったとしても、その後は上り坂になるはずであるので、けっして希望を失わず、将来の好機に備えて奮闘努力すべきだというのです。確かにそうですし、円了のこの実に前向きで力強い考え方は、今日の混迷した地球社会においてこそ、活かされるべきものです。

（5）円了の向上門と向下門の哲学

円了の活動主義には、ある一つのきわめて重要な視点が含まれています。それは、『奮闘哲学』において、哲学には「向上門《こうじょうもん》」と「向下門《こうげもん》」とがあると説かれていることです。哲学の学問の世界に、上に向かう方向と下に向かう方向の、その二つの道がなければならないというのです。次のようです。

哲学は物心相対の境遇より絶対の真際に論到する学とするは、哲学の向上門である。この向上門の外に更に絶対の域より相対界へ論下する一道があるが、これを仮に向下門と名付けておく。すなわち哲学の応用の方面である。もとより宗教にも向下門あれど、哲学とややその趣を異にしている。もし哲学に向上のみありて向下なきときは、ただ学者が己の知欲を満たすまでの学となり、世道人心の上になんら益するところなきに至り、畢竟無用の長物たるを免れぬ。よって哲学には必ず向上向下の二門を併置しておかねばならぬ。すなわち向上門は哲学の理論に属する方面にして、向下門は実際に属する方面である。故にこれを理論門、実際門と称してもよい。

（『選集』第二巻、二三一頁）

哲学の向上門は、相対より絶対へ、であり、理論門（理論）です。一方、向下門は、絶対より相対へ、であり、実際門（応用）です。真理を探究する道が向上門、真理を応用する道が向下門で、この向下門がなければ、哲学もある研究者の自己満足にとどまり、それでは意味がないというのです。ここに「ただ学者が己の知欲を満たすまでの学とな」ることはまったく意味がないと、そのことを痛烈に批判しています。このことは、今日の学者もよくよく考えるべきでしょう。

さらに、この「向上門」と「向下門」の間の関係について、円了はここで次のように示しています。

……単に哲学そのものよりいえば、向上がその特性とするところにして、これに重きを置くべきものであろうも、もし更に進んでその向上はなんのためかと問わば、向下せんためなりと答えざるを得ない。すなわち向下せんための向上にして、向上門は方便、向下門は目的となるであろう。

（同前、二三五頁）

私は、この「（向上は）向下せんため」「向下せんための向上」という言葉には、非常に深いものがあると思っています。向下門が目的なのであり、向上門はそれを実現するための手だて（方便）だというのです。この認識は、実に卓越したものだと思わずにはいられません。

この向上門・向下門は、大乗仏教における「上求菩提《じょうぐぼだい》、下化衆生《げけしゅじょう》」（上に菩提〈悟り〉を求め、下に衆生を［教］化す）の句と関係していると思われます。この句は本当は「上に菩提を求むるは、下に衆生を化せんがためなり」と読むべきだとの説もあるのです。あるいは円了出身の真宗における「往相《おうそう》」（この娑婆《しゃば》世界から極楽浄土に往って生まれる）と「還相《げんそう》」（往生を果たした極楽浄土からこの娑婆世界に還る）にも相当すると思われます。この立場からいえば、たとえば浄土教において極楽往生を求めるのは、この娑婆世界に戻ってきて人々を救済するためだ、ということになるでしょう。円了はきっと、自らの出身母胎である真宗の極意はまさにここにある、と説くものと思われます。

こうして見ると、井上円了の根本には、やはり大乗仏教の心が生きていると思わずにはいられません。すなわち、世のため人のためにはたらいてやまないこと、利他行の実践以外に、人生の意味はないというのです。たとえば、円了はこの精神を、「実語教」になぞらえて、次のように言っています。

山はその高きをもって貴しとせず、植林の用有るをもって貴しとなす。

川はその大なるをもって貴しとせず、灌漑の用有るをもって貴しとなす。
学はその深きをもって貴しとせず、利民の用有るをもって貴しとなす。
識はその博きをもって貴しとせず、済世の用有るをもって貴しとなす。

（同前、二一七頁）

このように、学問を修めることは、たとえそれがいくら深くても、他者や社会のためでなければ、意味がないと明言しています。哲学というものの大切さをひとえに強調した円了が、いかに現実社会での活動を重視したかが知られるでしょう。

最後に、円了の哲学の究極である自彊不息が、実は「忍」にもほかならないということが強調されていますので、このことについても見ておきます。円了の積極的な人生観は、けっして単なる楽観だけなのではなく、深い覚悟も伴われるべきものなのです。むしろ苦に徹する中に楽を見出すものなのです。たとえば円了は、次のように説いています。

つぎに自彊不息は公徳と私徳とを問わず、文と武とを論ぜず、すべての事業に共通せる要素である。これをいい換えれば忍耐となる。そもそも忍の字は心が刃をいただきたる形なれば、余は心が武装しているのでありとし、戦時には身に武装をつけ、平時には心に武装をつけなければならぬ。しかしてその平時の武装は忍耐の刀である。これを心に着け、百難を排して勇進活動すべきものと思う。

（同前、三三五〜三三六頁）

確かに、どんな事柄にせよそれをなしとげていくには、深い覚悟と忍耐とが必要なことでしょう。心の上に障害となるものを切り開いていく刀を抱き、忍の一字でもって百難を配して勇進活動すべきだという円了のこの言葉は、自身の生涯の体験に裏付けられた真実味を帯びていると思わずにはいられません。ちなみに、大乗仏教の六波羅蜜《ろっぱらみつ》の中の精進《しょうじん》の修行は、よろいかぶとを身につけるかのように、深い覚悟をもって事にあたる、ますます努力してやまない、ひるまず退かず少しくらいの成果に満足せず、どこまでも高みをめざして努力する、というようなものです。

この忍を最重視する立場から、円了は人々を激励すべく、さまざまな格言等を作っています。次のようです。

忍耐の刀は艱難の路を排し、倹約の薬は貧苦の病を除く。

立身の要道は忍耐に在り、成功の秘訣は忠実に在り、
公徳は本これ富強の礎、忍耐はおのずから繁栄の柱となる。

辛抱の棒で怠惰の鬼を打て
人生の荷物をかつぐ天秤はただ辛抱の一棒と知れ

（同前、三三六頁）

さらに円了は、忍耐についての次のような文章ものしています。少し長いですが引用します。

忍耐の舟にさおさして立身の海を渡る、成功の馬にむちうちて成功の山に登る。忍に内外有り、内忍はもって心を制し、外忍はもって事を裁く。わが心は刀のごとし、その利なること百難を断つ。わが腕は鉄のごとく、その堅きこと万難に耐う。勉強と忍耐とはよく寸陰を変じて尺金となる、また赤土を練りて黄金と化す。百戦百勝は一の忍耐にしかず、万言万当は一の誠実にしかず。倹の薬は貧病を医し、忍の刀は惰魔を断つ。わかき時もし荒怠せば、老後の悔いかん。意馬ひとたびむちうちて去り、身をおどらし敵中に入る。刀を代えて忍耐をふるい、奮闘して成功をみる。向上の路いずれのところぞ。雲深くして関

を見ず、おもむろに行きてつとめてやまず、認め得たり成功の山。

……

宇宙の精神が人心のうちに入りて一の誠となり、その至誠の一気が忠孝の形をとりて国民道徳となることは、前述の通りなるが、この一気が横に動きては忠実服業ともなり、上下一心ともなり、縦に発しては自彊不足となるわけである。故に戊申詔書八条中、初めの箇条と終わりの箇条とが最も肝要と思う。これによって忠孝が完成し、国体が確立するに至る。しかるに昔時はその忠道が戦時に限りて発現し、平時には潜伏せる状態なりしをもって、その結果が貧国強兵を実現せるに至った。故に今後は平時に発現するようにしたい。ここにおいて御詔書の八カ条の修養をなすを要し、なかんずく自彊不息の精神を養わなければならぬ。すべて実行は吾人の意力の発動により、吾人の意力は宇宙の大勢力より生じきたるものなれども、その意力の足に良心の眼が伴わざれば、妄動の恐れがある。ここにおいて良心の修養を要することになる。その良心はもとより宇宙の勢力あるべきも、その勢力に純なるものと、不純なるものとがありて、良心はすなわちその純なるものである。さきにいいし宇宙の精神、すなわち天の誠とはその純なる方をいい、人の誠とはその純なるものの人に伝われるものをいうたのである。かく解釈するときは、今日の分析的学者は、すぐに憶想とか独断とか評するに相違なかろうけれども、余の説は死書を読みて得た知識ではなく、東洋的の宇宙の大観より看破して得たるものである。かの孟子の浩然の気とか、正気の歌の天地正大の気とか、あるいは正気ありとかいうのも、みなこの大観より感得せる真理である。わが国の実業家も天地の活書を読み、宇宙の大観を放ち、これを自心に会得し、心底深きところより発する命令に聴き、性天高きところより漏れる光気に導かれて、国家社会のために活動ありたきものである。（同前、三三六〜三三八頁）

以上、円了がいかに忍のことを重視していたかを見ておきました。円了の哲学は、活動主義にきわまり、しかもそれは忍耐のうちに行じられるべきものなのでした。まことに「ならぬ堪忍、するが堪忍」なのであり、活動・勇進・奮闘を遂行するには、一方であらゆる困難をものともしない深い覚悟も必要なのでした。

（6）まとめ

以上、井上円了の哲学について、前章および本章により、理論編と実践編とにつき、その概要を紹介しました。もう一度、これらの全体をふまえてその要点を簡略にまとめますと、次のようになるかと思います。

1. 哲学を「諸学の基礎」として重視した。
2. ヘーゲルの哲学を評価し、相対と絶対の不二の立場を最高と見た。
3. その立場において、仏教も同等の真理を明かしていると見た。
4. そこから、現象の一一に、時空とも無限に広がる関係性を見出していた。
5. 最終的には「活動主義」に出て、そこに哲学の究極を見た。
6. 哲学に向上門と向下門とがなければならないとし、向上は向下するためとした。
7. 現実社会での利民・済世のためにはたらくことを最重要視した。
8. 実際に活動するに際しては、忍耐が必要かつ最重要であることを強調した。

円了の哲学は結局、世のため・人のためにはたらく、ということに帰着します。それはまさに大乗仏教の菩薩のこころにほかならないでしょう。世界観において、仏教の哲学は西洋哲学に勝るとも劣らないものと理解されましたが、それは実践門を伴っていることにおいて、机上の空論にとどまらない、利民・済世のはたらきを導くものでもあるのです。円了は西洋哲学をさかんに紹介し、哲学的考察の重要性を訴えましたが、その根底には大乗仏教の精神がしっかりと存在していたのであり、結局、円了の哲学の根本はやはり大乗仏教ではなかったか、というのが現在の私の見解です。

第四章　井上円了の仏教観

（1）はじめに

明治初期の時代は、後に述べるように、仏教はもっぱら沈滞した時代でした。西洋文明の流入の前に、古色に染まった仏教界は、委縮しているほかなかったのです。そういう時代に少年時代を送った円了は、もともと寺院の出身であるにもかかわらず、仏教に対してはむしろ懐疑的ですらありました。実に「これを非真理なりと信じ、誹謗排斥することすこしも常人の見るところに異ならず」（『仏教活論序論』、『選集』第三巻、三三六頁）というありさまでした。円了は、少年時代における仏教への見方について、次のように語っています。「余はもと仏家に生まれ、仏門に長ぜしをもって、維新以前は全く仏教の教育を受けたりといえども、余が心ひそかに仏教の真理にあらざるを知り、顱を円にし珠を手にして世人と相対するは一身の恥辱と思い、日夜早くその門を去りて世間に出でしことを渇望してやまざりしが、たまたま大政維新に際し一大変動を宗教の上に与え、廃仏毀釈の論ようやく実際に行わるるを見るに及んで、たちまち僧衣を脱して学を世間に求む」（同前）。

しかし円了はやがて東京大学で西洋哲学を学び、ヘーゲル（一七七〇～一八三一）の思想を高く評価するとともに、その立場から仏教を見直して、仏教の優れた点を改めて深く認識することになります。

すなわち、円了は、西洋哲学の研究を通じて、仏教思想の真理性を再認識したのです。では、円了は西洋の哲学のどこに真理を見出したのでしょうか。すでに見たように、円了はカント（一七二四～一八〇四）・フィヒテ（一七六二～一八一四）・シェリング（一七七五～一八五四）・ヘーゲルとドイツ哲学が深まっていく中で、ヘーゲルのいわば相対即絶対・絶対即相対の思想にその最高峰を見たのでしたが、そのことと仏教がどのように関わるのかについては、次のように述べていました。

……つぎに大乗唯識の森羅の諸法、唯識所変と立つるは西洋哲学中の唯心論に似たり。

その第八識すなわち阿頼耶識《あらやしき》はカント氏の自覚心、またはフィヒテ氏の絶対主観に類す。つぎに般若《はんにゃ》の諸法皆空を談ずるは西洋哲学中、物心二者を空する虚無学派に似たり。つぎに天台の真如縁起《しんにょえんぎ》は、西洋哲学中の論理学派すなわち理想学派に似たり。その宗立つるところの万法是真如、真如是万法というはヘーゲル氏の現象是無象、無象是現象と論ずるところに同じ。起信論の一心より二門の分かるるゆえんは、シェリング氏の絶対より相対の分かるる論に等し。そのいわゆる真如はスピノザ氏の本質、シェリング氏の絶対、ヘーゲル氏の理想に類するなり。

(『哲学要領』、『選集』第一巻、一〇四頁)

こうして円了は、西洋哲学の最高の思想が、天台の真如縁起説や華厳《けごん》の法界縁起《ほっかいえんぎ》説に同等であると了解し、仏教は哲学に勝るとも劣らない思想を有する貴重なものであると考えるのでした。なお、円了の「哲学と仏教への見方」については、本書「第二章　井上円了の哲学（上）理論編」をご参照ください。

（2）井上円了の日本仏教観

日本の仏教は、円了が高く評価した天台や華厳だけでもありません。古来、南都《なんと》六宗《りくしゅう》から始まって、平安時代の天台宗と真言宗、鎌倉時代の浄土宗、真宗、臨済宗《りんざいしゅう》、曹洞宗《そうとうしゅう》、法華宗（日蓮宗）等、種々多彩な仏教が存在しています。では、それらに対して、円了はどのように見ていたのでしょうか。天台や華厳以外の仏教に、価値はないと見ていたのでしょうか。

このことに関して、「仏教各宗の教理を一通り知る必要あれば、余が「仏教道しるべ」と題して、ある雑誌に掲げたるもの」がありますので、円了の仏教観、とりわけ日本仏教への見方を知っておくために、まずはその「仏教道しるべ」を見ておくことにしたいと思います（『奮闘哲学』、『選集』第二巻、二七〇～二七七頁）。

円了は、この「仏教道しるべ」の初めにおいて、釈尊以来、仏教は実に広大無辺の法門を展開してきたがゆえに、その全体像を一覧できる海図のようなものが必要なので、これを作ったのだと説明しています。ついで、インド、中国から日本へと伝わった仏教について、初めに指摘すべきは小乗と大乗の区別であり、「この両乗のおのおのに、理論門と実際の、二つの方面備わりぬ。故に近頃仏教は、哲学上に築きたる、宗教なりと定めらる」と述べています。以下、小乗仏教の特徴についての解説です。

人の家には玄関も、座敷も寝間もあるごとく、仏の教えの住家には、多くの部分ありと知れ。まず小乗の部門より、説き始めんに釈尊が、教えの奥の座敷なる、大乗教に入れんとて、門の扉を開きたる、その玄関は小乗教。小乗教の哲学は、わが目に見ゆる万物の、千差万別数多き、千変万化限りなき、原因いかんを考えて、物も心もその体は、共に元素が集まりて、形をなせる結果とす。もしも元素が散ずれば、形も共に滅すべし、その散ずるも滅するも、すべて因果の力なり。故に世界は無常にて、新陳代謝相続き、永く住するものはなし。ただ人のみに死に生きの、存するなりと思うなよ、日でも月でも天地でも、みな生滅を免れず、これは世界の規則なり。

かかる道理を実際に、あてはめきたり世の人に、生死無常の理を示し、もしその境を逃れんと、思わば早く生滅の、迷いの因を断ち切りて、不生不滅の境に入れ。その境界を涅槃とぞ、名付けて人を導きぬ。さて小乗の目的の、涅槃は暗き世界にて、心も滅し身も滅し、苦痛もなければ楽もなく、真の死門に入りたると、毫《ごう》も異なるところなし。これ仏教の玄関に、入りたるときの景色なり。

（二七一頁）

小乗仏教は仏教全体の玄関に位置するものであり、世界の物的、心的等の諸要素（諸法）の縁起《えんぎ》によりすべてが生滅を繰り返していくと説くものだとしています。一方、生死《しょうじ》輪廻《りんね》を越えて涅槃《ねはん》に入ることをその仏道の目標としていますが、その涅槃の世界は身心が滅尽してしまい、「真の死門に入りたると、毫も異なるところなし」と言い切っています。確かに大乗仏教は、西暦紀元前後、釈尊が世を去られてから四〇〇年ほど後に、まさにその点を批判して出てくるものなのでした。

その後、玄関から入って、座敷に入っていくと、「光り輝く電灯も、話を伝うる電話機も、共に備わりなにごとも、自由自在の活動の、できるがごとき仕掛けにて、神変不思議の別世界、理想の極致妙境は、ここに至りて開かれぬ」ということになるといいます。さらに、「釈迦出世の本懐を、打ち明かししは大乗の、教えなることとむろんなり。これに反して小乗は、外道の人を引き入るる、方便門《ほうべんもん》に外ならず」と示していますので、大乗非仏説の立場を否定し、大乗仏教こそ、釈尊の真意であるという明確な立場に立っていたといえましょう。以下、「仏教道しるべ」の記述を順に見ていきます。

これより更に大乗の、座敷の相を語らんに、権《ごん》と実《じつ》との二つあり、権大乗は表にて、実大乗は奥座敷。まずそのうちの表なる、座敷の内をうかがうに、小乗門の元素には、物と心の二種ありき。哲学上の二元論、その物体を分析し、元素の本を推し究め、ついに視触の感覚に、帰して世界の人々の、心のうちに納めたり。これは唯心一元論、権実共に大乗の、特殊の点はここにあり。

（二七二頁）

大乗仏教にもさまざまな立場がありえますが、権（方便）・実（真実）いずれであれ、小乗の物心二元論的と異なり、物を心に帰しての唯心一元論に立っているといっています。それは、唯識《ゆいしき》思想が大乗のアビダルマとして、大乗仏教全体の共通の世界観になっていることを示すものでしょう。

以下、唯識思想の解説です。

つぎに心を八つに分け、五感の外に三識の、種類を設け第八を、阿頼耶識とぞ名付けける、ここに訳して蔵《ぞう》という。その心内に一切の、事々物々が納められ、一つも漏らすところなし。これを万法唯識と、名付けて心を本とせり。更に心の本体を、究め尽くしてそのもとに、万古動かぬ磐石の、土台のあるを説き示す、これを真如《しんにょ》と名付けたり。かの蔵識と真如とは、その体もとより一なれど、事々物々が真如より、直ちに生じきたれりと、説くを許さずあくまでも、隔歴《きゃくりゃく》せりという説は、権大乗の哲理門。

（同前）

唯識の八識思想は、世界を眼識《げんしき》・耳識《に》・鼻識《び》・舌識《ぜつ》・身識《しん》の前五識と、第六意識、第七末那《まな》識、第八阿頼耶《あらや》識の八識で説明します。これらは有為法《うい》であり、刹那《せつな》刹那生滅を繰り返しつつ相続されていくものです。特に阿頼耶識は、他の七転識の経験の情報を貯蔵しつつ無始の過去から無終の未来まで、一刹那の隙間もなく、相続されていきます。これらの現象世界は、無自性・空《くう》であり、その空というあり方すなわち空性《くうしょう》は、法性《ほっしょう》とも真如ともいわれ、普遍・不変の真理なのであり、それは無為《むい》法でもあります。唯識思想（法相宗《ほっそうしゅう》）は、この有為法と無為法、諸法と真如とが、まったく別である（隔歴《きゃくりゃく》）という立場をとるのであり、その点で権大乗《ごんたいじょう》（真実に対する方便《ほうべん》としての教え）の哲理門であると判定しています。

このあと、実大乗《じつだいじょう》の仏教へと進みます。

更に一歩を進むれば、実大乗の奥に入る、その教門の哲学は、権大乗の唯識を、理想の高きところより、見おろしきたり万法を、真如の体に引き入れぬ。これを三界《さんがい》一心の、所見と立つるその外に、真如すなわち万法と、唱えて世界万物の、そのまま真如なりと説く。権実共に唯心論、心の外に物あり《ママ》（なし？）と、唱うる点は一なれど、権大乗の我人の、ひとりひとりの心より、事々物々を開現し、甲には甲の世界あり、乙には乙の世界あり、十人十色人ごとに、異なるものと定むるを、実大乗は一切の、差別の見を打ち破り、唯一心の大海に、我彼までを納め込み、有象無象の万法は、真如のうちにありとなす。この極端の平等を、唱うるうちにおのずから、差別のあるを打ち捨てず、真如は水のごとくにて、事々物々はその水に、生ずる波のごとくなり。水を離れて波はなく、波を離れて水はなし。かくして真如万法の、不一不二の関係を、立てたる説を中道《ちゅうどう》と、名付けて実の大乗の、極致なりと定めけり。

（二七二～二七三頁）

ここに、真実の大乗（実大乗）の教えの立場では、あらゆる諸法（現象）と真如（本性）が水と波のように不一不二と説くことを明かし、そこに究極の世界観があることを示しています。真実の大乗とは、後に見るように、天台や華厳、密教などが代表的なものです。

以上は、いわば世界観（法相）に基づく大まかな分類ですが、以下には、その世界観に基づく実践の方面（修道論）から、それぞれの仏教の特徴を指摘していきます。

つぎに権実両乗の、実際上の方面は、小乗流の暗黒の、涅槃の奥を打ち開き、かの晴天に白日の、懸かれるごとく赫々の、光りを放ち活動の、無礙自在なる妙境に、宗旨の本を築きたり。ただ権大の方にては、かかる涅槃の境界に、達するものと達し得ぬ、差別を立てて禽獣は、いうに及ばず人にても、必定きめて成仏の、できざるものもありと説く。これその宗の哲学が、真如の外に万法を、生ずる識を別置して、差別を立つる故である。しかるに実の大乗は、人のみならず動物も、草木国土みなながら、涅槃の岸に登り得て、同じ仏となると立つ。こは釈迦仏の一代の、最上至極深妙の、法門なりと知了せよ。これを仰げば仰ぐほど、いよいよ高き教えなり。（二七三頁）

ここは、諸法（事）と真如（理）とを隔別とみるか一体とみるかによって、あらゆる人々（一切衆生）が成仏できるとするか、できないものもいるとするかが分かれてくることを解説したものです。仏になるとは、八識が転じて四智《しち》（成所作智《じょうしょさち》・妙観察智《みょうかんざっち》・平等性智《びょうどうしょうち》・大円鏡智《だいえんきょうち》）を得ることであり、その意味は自利利他円満《じりりたえんまん》、自覚覚他円満《じかくかくたえんまん》の存在になるということなのですが、この智慧が実現するための要因は、理智隔別《りちかくべつ》であれば種子《しゅうじ》となり、理智不二《りちふに》であればその智慧そのものとなります。法相宗《ほっそうしゅう》のように、理智隔別の立場となると、智慧の種子を有している人と有していない人とがいるのだという考え方にもなり、その結果、あらゆる人々が成仏しうるとは限らないことになります。これに対し理智不二の立場に立つと、一切衆生悉有仏性《いっさいしゅじょうしつうぶっしょう》ということになり、どんな人でも最終的に成仏できることになります。前者の立場を三乗思想、後者の立場を一乗思想といいます。円了は三乗よりも一乗を高く評価しているわけです。

この大乗の至極なる、教えによりて築きたる、宗旨は華厳天台と、真言宗の三大宗、その三宗の説くところ、大同小異ありと知れ。天台宗は一心の、うちに世界を融合し、真如の体と万法と、同体不離を唱うれど、一事一物一塵の、うちに一切万法の、融通無礙を開示せぬ。しかるに華厳はこの無礙を、立つるにおいて異なれり。また真言の説にては、事々物々を本となし、真如の方を末となし、即事而真と説ききたり、わが現身のそのままが、仏の位に昇るべく、この身すなわち仏なりと、唱うる点は特殊なり。（同前）

ここには、大乗仏教の至極の立場として、天台、華厳、真言密教の三つを挙げています。いずれも、諸法と真如の不一不二を説いているものの、華厳は天台において説いていなかった事《じ》事無礙《じむげ》の道理、重々《じゅうじゅう》無尽《むじん》の縁起を説いている点でより優れているという認識を示しています。さらに真言密教は、特に即身成仏《そくしんじょうぶつ》を説く点において、独自性を誇っていることも指摘しています。天台宗にも、一念三千《いちねんさんぜん》の教理があり、華厳に近い教理もないわけではありませんが、華厳が事事無礙の世界を高調していることは事実でしょう。一方、この世のうちに修行が完成して成仏できるという即身成仏を主張することは密教独特のものですが、華厳においても、三《さん》生成仏《しょうじょうぶつ》（『華厳経』に基づけば、二回生まれ変われば、つまり三回の生によって、成仏できる）を諂い、密教の成仏論に限りなく近いものがあります。いずれにしても、円了が評価していた仏教がどのあたりにあったかが、改めて知られるでしょう。

次に、これらの世界観をふまえて、修行に関しての区別、自力・他力に関しての区別について解説がなされます。

以上に述べし大乗の、極致を更に実際に、あてはめきたり今日の、時機相応の宗旨をば、開きしものは禅浄土、真日蓮の諸宗なり。まず小乗の玄関の、つぎに権実大乗の、表座敷と奥座敷、いちいち入りて見究めし。後に退き思うには、かく階段を登らずも、また戸障子を開けずとも、下駄や草履のそのままで、庭を回ればたちまちに、堂の奥まで見知らるる、道の存するごとくにて、修行を積まず頓速に、仏地に至る道あるを、発見せしは禅浄土、真宗等の立場なり。（二七三〜二七四頁）

日本では、鎌倉時代に現れた禅宗や浄土の法門は、「修行を積まず頓速に」究極の世界に到達する道であるという位置づけがなされました。以下、それぞれの特質についての解説です。

さて大乗の極致たる、華厳の高き法門は、ヒマラヤ山のごとくにて、天台宗の広大は、インドの海のごとくなり。いかなる人も仰ぎ見て、賛嘆せぬはなけれども、もしその宗の実際の、修行いかんを眺むれば、永き年月重ねつつ、いと数多き階段を、登り尽くすの困難は、千辛万苦ただならず。むかしの人はいざ知らず、今は多忙の世となりて、かかる修行は迂遠なり、時に適せず機に合わず。これに代うるの近道は、種々あるうちの第一は、禅家に立つる修行とす。その基づける根本は、実大乗の一心の、範囲の外に出でざるも、一心すなわち真如なり、真如すなわち仏なり、心仏人の三体は、同一なりとの説をとり、人が仏になる道も、己が心を顧みて、迷いの雲を打ち開き、心の空に澄み渡る、真如の月を眺むれば、悟りの境に至るべし。これに達する方法は、座禅の外になしと知り、直指人《じきしにん》心見性《しんけんしょう》の、説を唱えて禅宗の、一家をなすに至りけり。（二七四頁）

円了は、坐禅は頓悟の道であるとの理解に立っているようです。曹洞宗《そうとうしゅう》は、「心・仏・人」一体のところを重視し、臨済宗《りんざいしゅう》は「人が仏になる」ことを重視しているといえるかと思いますが、坐禅を実修すればそこに見性《けんしょう》成仏《じょうぶつ》仏が実現する道だとみており、これは修行の「近道」であるとするのでした。

とはいえ、それはなかなかに困難な道であることも一方では認識していたようで、次に他力《たりき》浄土の法門について説明していきます。

しかるに浄土一門は、同じ修行の近道を、説くとはいえど禅宗と、その趣を異にせり。実大乗の法門は、幽玄微妙《みみょう》なりといえ、われらのごとき凡夫《ぼんぶ》には、華厳の山はよじ難く、台家の海はこえ難し。ここに別途の法門は、釈迦所説の経中に、いと明らかに示しけり。無始よりこのかたこの世まで、多くの仏あるうちに、万の仏の最上は、阿弥陀仏《あみだぶつ》なりこの仏は、十劫久遠《じっこうくおん》の昔より、一切の人を助けんと、大誓願を起こしてぞ、難行苦行を積み重ね、その願すでに成就して、大悲の光り満ち渡る。もし一心にこの仏に、帰依しきたらばわが方に、毫も修行を積まずして、罪悪抱けるそのままが、悲光のうちにおさめられ、仏の悟りを開くべし。これを他力の教えとし、時機相応の法となす。（二七四〜二七五頁）

このように、華厳や天台の法門はきわめて難解でありますが、一方、法蔵菩薩《ほうぞうぼさつ》として測り知れない時間の修行を果たして成仏した阿弥陀仏《あみだぶつ》に一心に帰依すれば、この身このまま仏に導かれて悟りを開き成仏できるのだと示しています。円了はこの浄土教こそが、時代と人々の宗教的能力（機根《きこん》）にかなった（時機相応）教えであると述べるのでした。中でも、親鸞《しんらん》（一一七三〜一二六二）の真宗は、法然《ほうねん》（一一三三〜一二一二）の浄土宗と異なる特質を有していることを、以下に示しています。

同じ他力の宗なれど、ひとり異彩を放てるは、真宗一家の教えなり。浄土宗より流れ出で、念仏為本を唱うるも、口に唱うる念仏は、仏になるの因ならず。かかる罪業深重の、われらを助けたまわるは、ただただあなた一仏と、心に信じ喜びて、御任せ申し奉り、これより後は朝夕に、御恩報謝の心にて、口に念仏唱うべし。唱うる声の力にて、仏になると思うのは、やはり自力の嫌いあり。すべて雑行雑善を、すててひたすら一仏を、信じてあれと説ききたり、真の他力を立てにけり。これ真宗の宗意にて、浄土宗との相違なり。

（二七五頁）

阿弥陀仏の本願に帰順して念仏を唱え、救い取っていただく浄土宗の立場に対し、その本願への信、むしろ本願に由来する信を喜んですべてお任せし、報恩の心で念仏する真宗の立場は、真の他力にほかならないと明かしています。やはり東本願寺の末寺に生まれた円了としては、真宗の極意をどこまでも尊重しているのでしょう。

一方、浄土教を批判して新たな天台系仏教を展開した日蓮《にちれん》（一二二二〜一二八二）の唱題《しょうだい》（『法華経《ほけきょう》』の題目《だいもく》を唱える）の仏教を、自力の易行の仏教と位置づけて説明します。

浄土門の反対に、立ちて一派を開きたる、ものは日蓮宗旨なり。天台宗の基づける、法華の経の本門を、究め尽くして妙法の、極意を握り極楽を、現世の上に在りと説き、他力によるを卑怯とし、自力でこの身の成仏を、求めきたれと一喝し、その広大の徳益は、法華のうちに在りとして、南無阿弥陀仏の代わりには、南無妙法の題目を、唱うべしとぞ教えける。われらが拝む本尊も、わが身に修むる戒律も、妙法蓮華の外になし、これは自力の易行《いぎょう》なり。

(同前)

日蓮は、浄土教の法門を否定し、久遠仏も戒律もそこにこもっている『法華経』の題目、「南無妙法蓮華経」を唱えれば、速やかに仏道を成就すると説いたのであり、円了はそれを「自力の易行」であると見なしたのでした。

以上、この「仏教道しるべ」には、日本仏教ひいては仏教全体の概要が手際よくまとめられており、それぞれその本質を的確に指摘していて、その学識の博さと要点をかいつまんで示す能力には、驚嘆するものがあります。このように、仏教には多種多様な、多彩な法門があるわけですが、日本ではこれらが共存していることも一つの特徴でしょう。また、仏教は出世間の世界を担当するのみならず、その立場から世間へ関わるはたらきもあり、そこでは日本古来の道徳と対立するものではないという理解を示します。

世界に多き宗教の、うちにてひとり卓然と、理論の峰はいと高く、これより出づる応用は、流れて河となり江となり、広き国土に生いしげる、衆生の草を潤して、功徳利益の際なきは、仏の道の外になし。その応用の上にては、更に二つの門を建つ、出世間門世間門。人が仏になる道を、教うる方は出世間、人の人たる大道を、指示する方は世間なり。世間門をうかがわば、仁義の道も忠孝も、みな備わりて欠目なし。勅語のうちの忠孝の、いとも尊き大道は、世間門にて説き尽くす、故に決して国体と、衝突するの恐れなし。これまた仏の妙趣なり。

（二七五〜二七六頁）

ここには、勅語の忠孝を擁護する立場が表明されていますが、このあたりは時代の制約によるもので、今日ではむしろ多文化共生社会としての地球社会の倫理・道徳を考えていかなければならないでしょう。

さて、円了はここまで説いてきて、以下、修行─成仏における因果の問題、すなわち善因楽果《ぜんいんらくか》・悪因苦果《あくいんくか》の考察から、結局、真宗のような絶対他力《ぜったいたりき》の法門を称賛していくことになります。その初めに、あらゆる仏道を通じて、善因楽果・悪因苦果の法則は一貫していると説きます。そのことを、真如をいかに現前させるか（覚りの智慧をいかに実現させるか）という観点で説明しています。

そもそも釈迦の説相は、かつて応病与薬とし、衆生の病一ならず。これに与うる法薬も、数々ありて八万の、枝に分かると説きたれど、その根本に至りては、真如の外になかるべし。宇宙世界の本体も、人の心の源も、すべてこれより出づるなり、仏も衆生もその本は、やはり真如のうちにあり。かかる真如の大海は、本来清く透明の、性と質とを備うれど、いつかその水固まりて、氷を結び透明を、失いここに万法の、事々物々の境界を、産みだすもととなると知れ。たとえ氷を結びても、海の底には透明の、水は同じくあるごとく、万法界のその本に、真如の水は依然たり。もしも氷をとかし得て、透明無垢の浄水を、表に開きあらわさば、これを仏と申すなり。真如と仏の関係は、このたとえにて知らるべし。

真如の水の氷りしは、なんの力と尋ぬるに、因果の律に外ならず。真如は宇宙の体にして、因果は真如の手足なり。その手と足の力にて、万の物を造り出す、氷るも因果溶くるのも、同じく因果の力のみ。よって因果に善悪の、二種あるものと説きたる。悪因ここに働けば、迷いの氷を作り出し、善因ここに重なれば、氷もとけて水となる。転迷開悟《てんめいかいご》成仏の、道は因果の外になし、これ小乗大乗を、一貫したる教理なり。（二七六頁）

煩悩を起こすなど悪業を積めば、迷いは深まって真如（諸々の現象の本体）は活動の中に自覚されない（氷る）ものとなり、修行していくなど善業を積めば、現象と本体が不二同体であることが自覚され、本来のいのちをはぐくむことができるというのです。仏道はそのようにすべてを一貫して因果の道理を説くのですが、次に、特に法蔵菩薩―阿弥陀仏の因果によって、阿弥陀仏に成就した無量の功徳が、私たちに回向《えこう》され、振り向けられて、私たちは何の苦労もなく救われるといいます。ここに、真宗の法門がやはり至高であるとの評価が示されているといえましょう。

仏の教えは善悪の、因果を本とするときは、己自身の力にて、修行を重ね徳を積み、ついに仏果の頂きに、登ることこそ至当なれ。しかるに他力の法門は、わが方にては善因を、積むに及ばずただ仏に、任せておけばたちまちに、仏となると説く故に、因果の律に矛盾すと、疑う人はあるけれど、その実同じ因果の理。ただし浄土の一門は、因果を仏の方に付け、わが修むべき善因は、仏の方に備わりて、これを信ずるそのときに、流れきたりてわが方に、満ちあふるるに至るべし。自ら井戸の水を汲む、自力の外に水道の、他力の仕掛けあるごとく、仏の大悲の心には、無量無限の善因が、集まりおればただわれは、これより伝うる鉄管の、ネジを開けば速やかに、その善因がわが方に、流れ込むべき道理なり。

これを名付けて信心の、窓を開けと教えけり。故に他力の一道も、やはり因果によると知れ。

（二七六〜二七七頁）

以上、円了が仏教全体に対して、どのような見解を持っていたのかを、「仏教道しるべ」により概観しておきました。以上に見るに、日本仏教は、歴史的にもインド・中国を受けた、高度に発達したものであり、かつ日本人自身の創造的な営みの中でさらに洗練・発達したものであって、豊かな内容を誇るものであることが知られたことでしょう。

（3）明治初期の日本仏教界の状況

仏教には、思想的にも修行的にも多彩で高度なものがあるはずでしたが、ところが円了の生きた時代、現実には仏教はかなりに委縮・沈滞していました。そういう当時の仏教界に対して、円了はいかに見、いかに行動したのかを、これからは見ていきたいと思います。

日本の仏教諸宗は、江戸時代、幕府による本末制度の強化により、自由な布教に制約を受け、かつ寺請《てらうけ》制度（檀家《だんか》制度）の推進により、布教活動への活力を失っていったのでした。さらに幕末から明治にかけて、廃仏毀釈《はいぶつきしゃく》の運動が各地で起こり、「諸藩の廃仏策は、寺院の破却・廃絶、僧侶の還俗、仏教的行事の禁止などに及び、没収した寺院領を軍事費にあてたり、梵鐘を鋳つぶして兵器に作ったり、石仏を打ちこわして河川の水よけに用いたりする例も見られた」（文化庁編『明治以降宗教制度百年史』、原書房、一九八三年、一五一～一五二頁）のでした。特に明治初年の「神仏判然《しんぶつはんぜん》の令」によってこのことがよりいっそうはげしくなり、仏教界の打撃は大きいものがあったのです。たとえば「興福寺では、僧侶は全員、春日大社の神官にさせられ、堂塔・伽藍は残ったが、諸堂はことごとく破壊され、五重塔は売りに出される」という始末でした（太田保世『日本の屈折点――明治維新の苛烈な廃仏毀釈の謎』、ごま書房、二〇〇七年、九頁）。ただし、この「神仏判然の令」は、本来は神社における仏教的要素の払拭（排仏）をねらったものであって、けっして仏教弾圧を意図したものではなかったのですが、むしろ廃仏毀釈を進める影響さえ与えたことでしょう。

さらに、戸籍法公布、葬儀の自由化、僧侶の教導職への任用等がなされ、しかも西欧各国の来襲とともに明治政府は極端な欧化政策を推進したことから、伝統的な仏教思想は省みられなくなり、仏教界は沈滞への一途をたどることになります。日本では、豊臣秀吉《とよとみひでよし》（一五三七～一五九八）のバテレン追放令（一五八七）以来、江戸時代を通じてもキリスト教の禁止政策が一貫して取られていました。慶応四年（明治元年、一八六八）三月、「五榜の高札」が掲げられたその第三札に、「切支丹邪宗《きりしたんじゃしゅう》門《もん》の厳禁」が謳われており、明治新政府もこの姿勢を引き継いでいました。しかし諸外国の圧力に抗することができず、明治六年（一八七三）にはこの高札を降ろさざるをえなくなり、その後はなしくずし的にキリスト教の伝道が普及し、旧態依然の仏教界はそうした時代の中で息をひそめるだけでした。

井上円了は、当時の仏教界の状況について、次のように語っています。

……そ（仏教学者の学識なく名誉のみ求める不可解な行動）のほか、普通の僧侶は多く木魚を鳴らして伽藍を守り、死人を迎えて引導を渡すのほかに、なんらの能もなければ芸もなく、お経の棒読一事をもって自己の糊口より堂宇の修繕に至るまで、一切の経費を支弁せんとす。……ここにおいて百方工夫の末、檀家の機嫌を取りて、一文たりとも受納をふやさんことをつとむるに至り、僧侶の見識と品格とは、お経の値段とともに日に増し下落するは、勢いの免るべからざるところなり。

（「仏教改革私見（釈尊降誕会に列していささか所感を述ぶ）」、『甫水論集』、『選集』第二五巻、一三八頁）

このような状況から円了は、「従来わが国の宗教は六百年の昔、鎌倉時代において革新を唱うる者前後相接して起こり、一時大いに活気を発揚したりしも、その後、足利および徳川治世の間ひとり外観を装うのみにて、内部の精神はほとんど死滅に帰したるがごときありさまなり」（同前、一四三頁）と断じ、「仏教界今日の光景は、あたかも三冬霜枯の季節のごとく、満目荒涼たるありさまにして、昔日百花爛漫の勢いは旧夢に属し、また見るべからざるもののごとし」（同前、一三七頁）と慨嘆するほどでありました。

こうした立場から、前の「仏教みちしるべ」の終わりにも、次のようにも述べています。

かかる高妙甚深の、教えの庭もいと長く、続ける冬の霜枯れに、会いてさびしくなりにけり。しかるに今や人文の、春はきたりて草も木も、生い茂りける世となりぬ。このときひとり厳冬の、景色をとどめ変わらざる、ものは仏の教えのみ。あたかも明治大正の、ランプもあれば電灯も、ある世の中に仏教の、家のみ暗き行灯《あんどん》を、点じておくに異ならず。早く三界一心の、真如の月をめぐらして、衆生の草を照らさしめ、これと同時に大慈悲の、仏の水を汲みきたり、枯れたる庭にそそぎかけ、涅槃の花を開かせて、人の心に柳緑と、花紅の春を見るように、力を尽くせ寺々よ、精を励ませ僧徒衆。かくして国の文明と、富を助くるようにせよ。谷に潜みしウグイスも、たかきにうつり友を呼び、穴にこもりし蛇までも、春を迎えて出て遊ぶ。何故ひとり仏門に、住める人らは人文の、春に当たりて活動を、なさんとするの勇なきや。早く長夜の眠りより、起きて世間に進み出で、国のためまた法のため、驚天動地の活躍を、なすこそ真に皇恩に、報ゆる道と仏恩に、報ずる道というべけれ。

（『選集』第二巻、二七七頁）

皇恩の語は、今日からすれば、また別の解釈がありえましょうが、円了は現実社会に仏教が力を発揮すべきだと真剣に考えていたのです。

参考までに、円了の少し先輩の井上哲次郎《いのうえてつじろう》（一八五五〜一九四四）は、明治三二年（一八九九）に発表した「宗教の将来に関する意見」において、当時の仏教の状況について、次のような認識を示しています。哲次郎はその時代、儒教・仏教・基督教《きりすと》・神道がすべて衰退に追い込まれており、日本の精神界を支配するに足るものは一つもないといっています。この中、特に仏教の状況に対しては、次のように述べるのです。

二、仏教　次ぎに仏教はいかんと問ふに、是れ亦単に残骸を留むのみ。其状真に気息奄々として死に瀕するが如し。仏教の我邦に起れるは、其人によりて起れり。聖徳太子及び空海、最澄の如き、法然、親鸞、日蓮の如き、皆仏門の龍象にして、仏教の気焔は、是等の人によりて揚れり。然るに徳川時代に至りて、大に其精神を失ひ、維新以後に至りては全く文明の背後に遺され、其勢力の衰退は言ふまでもなく、将に残余の生命をも併せて之れを亡はんとするの状あり。而して之れを挽回せんには遂に其人なし。近時仏教界の消息と云へば一として其頽敗に関することにあらざるはなし。大家一傾とは仏教今日の有様を謂ふなり。仏教が活動せる社会の中心に勢力を占めんこと、落日を中天に返すより難しと知るべきなり、（「宗教の将来に関する意見」、『哲学雑誌』一四―一五四、九〇二～九〇三頁）

さらに哲次郎は、仏教の甚だしい短所として、「仏教は徹頭徹尾、厭世教にして悲観的の主義によりて立てり。仏教徒は動々《やや》もすれば輙《すなわ》ち仏教の厭世教ならざることを弁ずと雖ども、仏教の厭世教なることは到底否定するを得ず。仏教の厭世教なることは、啻《ただ》に釈迦彼れ自身の事績に徴すべきのみならず、又経論の妙は此世界の迷妄にして苦痛多く、人生の真に暫有的なるを示す処にあり。仏教は此の如く厭世的の仏教なるが故に社会の進歩と相背馳せざるを得ざるなり」（九〇六～九〇七頁）ともいっています。このほか、難解なこと、禁欲主義であること（妻子眷属の縁を断つこと）、をも短所としてあげています。

こうして、当時、仏教がきわめて衰弱していたことは、円了だけの認識ではなく、大方の見るところであったといえるでしょう。

（4）円了の仏教復興運動

円了は寺院に生まれた者として、こうした状況をふまえ、俄然、仏教の擁護に努めていきます。まずはキリスト教の虚妄性を論じ、一方、仏教は思想的にきわめて優れたものであることを論じます。『真理金針《しんりこんしん》』や『仏教活論《ぶっきょうかつろん》』等はその論陣です。これらの書物によって、「世人は、仏教の哲理は決して西洋の哲学や宗教に劣るものではないことを知り、仏教徒は初めて自家の宝蔵に気づき、大いに活気を呈した」（平野威馬雄『伝円了』、草風社、一九七四年、一〇一〜一〇二頁）のです。

また、円了は教育活動に挺身したのでしたが、それは実は仏教僧の再教育を目的とするものでもありました。円了は、大学時代から学校設立の願いを抱いていたようであり、その後、東大の後輩である棚橋一郎《たなはしいちろう》（哲学館では倫理学を担当した）に対し、哲学館においては哲学の普及を目的とすると同時に、さらに「僧侶が地獄極楽ということにこだわっていて、本当の僧侶学をやっていない。彼らに哲学思想を与えてやれば、きっと社会の利益につながると思う」と語ったといいます（『井上円了の教育理念』、二四頁）。哲学教育を通じて民衆の知力を開発しようとしたのみならず、哲学教育を僧侶に対しても用いて、沈滞していた仏教界を活性化させようと願っていたことがわかります。

しかも円了は、僧侶を教育者に仕立てることを考えていました。江戸時代には、学問教育の分野は仏教界が一応、掌握していましたが、明治になって僧侶らが教育事業に携わることができなくなってきて、そこに仏教衰退の一因があると考えたのです。「そこで、仏教家が教育家を兼務できるようにすれば、仏教の勢力を回復することにもつながる。そのためにはまず仏教家の学識を中等以上のレベルに高める必要があり、これを哲学館の急務とみなした」のです（同前、七六頁）。このことは、明治二二年（一八八九）一一月一三日の、哲学館校舎の移転（麟祥院《しょういん》から蓬萊町《ほうらいちょう》へ）式での演説の中の、第一回目の海外視察をふまえた哲学館改良の四項目の一つに、「第四　世の宗教者、教育者を一変して言行一致、名実相応の人となすこと」を掲げていること（同前、五六頁）や、明治三六年（一九〇三）九月に、第二回目の世界視察後かつ哲学館事件後の教育方針を打ち出した「広く同窓諸子に告ぐ」（『東洋哲学』第一〇編第九号、一一五～一二〇頁）等からも知られるところです。

ところで、明治一九年（一八八六）頃から、諸外国との間で、「外国人の内地居住・動産不動産等の権利を日本国民と同等にすること」が大きな問題となってきました。円了は、明治二二年の海外視察より帰国後の頃には、故郷の実家の寺に一度は帰省するようにと促す父に対して手紙を書き、今、いかに仏教が危機的状況にあるかを縷々《るる》説明します。すなわち、同年の憲法の発布によりキリスト教の伝道は自由となった、社寺局は廃止・寺院の墓地取払い・寺院の境内地《けいだいち》取上げ・本山管長の廃止・住職僧侶の名義の廃止は間近である、内地雑居の公許によりキリスト教は大勢力を得、仏教は廃滅に至るであろう、国会に宣教師は出席権を有するも僧侶は出席できない、等をあげ、自分はその状況に対し、仏教の復興に全霊をかけるということを手紙に切々と書くのです。

今や日本全国の仏灯まさに滅せんとするの時なり。今や仏教総体のために生死を決せざるをえざる危急存亡の秋なり。この憲法国会の期は、万世の国基の立つ所にして、今にして仏教下風に立つときは、万世挽回する見込みこれ無く候。実に危急の時なり、九死に一生の日なり、一カ寺、一住職のために汲々するの時にあらず、一地方、一部落のために奔走すべき時にあらず。私儀はこの仏教総体の存廃に付き、多年苦心に罷り在り、今や九死一生の危急に相い迫り候らえば、必死の勢いにして、せめて来年国会前に何とか仏教護持の一方相立てたく、一人にてその途に当たり、昼夜心痛これ有り候。もし国会後に至り候はば、とても仏教挽回の策とてはこれ無く候につき、この頃よりその振起法を立案いたし居り、明後日、芝・青松寺に於て各宗管長代理相い集め協議に附し、来月上旬には総管長の会議を開き、再応協議に及び候。

（明治二二年八月二八日付井上円悟宛書簡。『東洋大学百年史』資料編Ⅰ・上、学校法人東洋大学、一九八七年、五〇～五一頁）

続いて、政府へ建白書を出す決意を語り、狂人とのそしりを厭わないとまで訴えています。こうして円了は、必死の思いで仏教界の復権に邁進するのです。この間のことについて、平野《ひらの》威馬雄《いまお》（一九〇〇～一九八六）は「仏教公認運動のリーダーとなって陣頭に立った円了は、その年の秋には京都の各宗本山を歴訪し、各宗本山では団結してその実現に協力することに同意した。つまり、「仏教を公認せよ」という建白書を内務省に提出しようという議なのである。帰京後ふたたび東京の各宗寺院をまわって諒解を得、各宗連合を結成した。そこで愛宕下青松寺に各宗の管長と会合し、いよいよ本格的な運動を展開することになった。事務所は浅草伝法院に置き、天台宗の村田寂順、日蓮宗本成寺派の古谷日新が委員となり、請願書は大内青巒《おおうちせいらん》が執筆して、各宗の印をとり、提出のてはずがととのった」と記しています（前掲『伝円了』、一〇〇～一〇二頁。なお、前傾書簡参照）。

しかしこのとき、内務省から、請願書の内容に関しては、近い将来実現の可能性があるから、その運動は中止するようにと要請され、結局、この請願書は提出されなかったということです。しかしこのことを機に、その後も各宗は政府高官に、信教の自由の意味、仏教の公認教たるべきことを説き続けていきました。仏教の各宗連合の動きに関しては、以下の記述も見られます。「早いものとしては、二十三年六月、築地本願寺別院において各宗管長会議が開かれ、各宗協会を設置し、社会の調和、貧民の救助、教育の普及、殖産興業の奨励、各宗綱要の編集・翻訳などがはかられた。そのさい、仏教慈善会も設立された。各宗協会は、それから毎年、開催され、諸宗の連合運動の柱となっていった」（前掲『明治以降宗教制度百年史』、一六二頁）。

こうして、円了の懸命な活動によって、瀕死の状況にあった仏教界は息を吹き返し、活気を帯びてきたのでした。この結果、「日本人の海外発展にともなって、朝鮮、中国大陸、ハワイ、北米に布教線をひらこうとする新路線を見出した」のでした（『伝円了』、一〇〇～一〇一頁）。このように、円了の指導によって仏教界は命脈を保ちえ、のちには新仏教運動なども起きてくるのです。円了自身は、実家の寺を捨てました。しかし一寺院を捨てつつ、何万という寺院を救ったといっても過言ではないほどでしょう。

（5）円了の仏教改革への視点

また、円了は各宗協同を求めるのみでなく、仏教界に対して各宗ともに根本からその教義を建て直し、かつ厭世教の評判をくつがえして、現実社会を指導できるよう改良すべきであることを訴えました。円了には、「明治以前はわが国における鎖港攘夷の時代にして、今日は万国交通時代なるのみならず、内には外国と雑居し、外には列国と競争せざるを得ざる時代なり。僅々三十年間の歴史において、国家の形勢、上のごとき一大変遷の進行せるにもかかわらず、宗教ひとり旧観を存するは、だれかこれを怪しまざるものあらんや」（「仏教改革私見」、『甫水論集』、『選集』第二五巻、一四三頁）との思いがありました。当時の仏教界では、新しい方針として、僧服改良や肉食妻帯、各宗合同や海外宣教、内地雑居の準備、国教請願同盟の募集などが打ち出されたりしていましたが、そのすべてについて「その着眼するところの狭きは、局外者の大いに笑うところなり。……」（同前、一三五〜一三六頁）とも述べています。そして、外国人の内地雑居問題に対しては、次のように説くのです。

……第三、世間、出世間の両全を期するは、これまた肝要なり。仏教の弊は世の無常を説きて、なるべく人をして厭世的ならしむるにあり。……往々死後冥土のことのみを説くが故に、世間は仏教を目して厭世教とし、世間に立ちて一事業を成さんと欲するものには、仏教は一大障害物にして、富国強兵、殖産興業には一大邪魔物なり。……これ畢竟、従来の仏教家が出世間的出離解脱《げだつ》の一道を説きて、世間道を説かざりしが故に、ついに世人をして仏教を誤解せしむるに至りしなり。よって、今日以後は世間道を表にし、出世間道を裏にし、二者の両全を本として、仏教の弘通《ぐづう》に力をつくさざるべからず。……
（「内地雑居に対する教育家、宗教家および実業家の覚悟」、『甫水論集』、『選集』第二五巻、一〇〇頁）

このように、円了は仏教そのものを、世間を益するものに変えなければいけない、それが根本問題であるとしたのです。

なお、明治二五年（一八九二）一月、東京・京都の学生を中心として大日本仏教青年会が設立され、釈迦降誕会や夏期講習会が催されました。講習会には、有名仏教学者たちが講師として招かれました。これがきっかけとなって、全国の諸地域に学生を中心として仏教青年会が設けられていったのです。このいつの時かの講習会に円了が招かれたのでしょう、このとき次のように説いています。

そもそも大聖釈迦牟尼《しゃかむに》仏は、ひとたび摩耶夫人《まやぶにん》の体内に宿りしより、沙羅双樹《さらそうじゅ》の間に円寂を示せしまではもちろん、その遺教の今日に伝わりて、四億五億の生霊が随喜追慕してやまざるありさまを考うるに、宇宙の一大精神が発動開現して、この大覚者を降誕せしめたるやの感なきにあらず。ゆえに、余は釈迦仏の本地は決して三千年古の悉多《しった》太子《たいし》にあらずして、久遠劫来の覚者、無始以来の仏なることを信ず。……（釈尊の一生）……これ、あに宇宙の大勢力の活動発現にあらずしてなんぞや。

余が釈迦牟尼を仰ぎて、大聖と称し大覚者と呼び、「天上天下唯我独尊」と賛嘆するは、全くこの大精神の発動にあり。けだし、その門を出でて生死を観ずるや、あまねく一切衆生を済度せんとする無二の大願と、無限の大悲との一心、にわかに内に動きて制せんと欲するも制すべからず、とどまらんと欲するもとどまるべからざりしは明らかなり。すなわちその一心たるや、自己の一心にあらずして無我の一心なり、相対の一心にあらずして絶対の一心なり、有限の一心にあらずして無限の一心なり。換言すれば、無始以来この大宇宙が懐抱しきたれる至高至大の精神が、忽然として釈迦牟尼仏の心底をわき出でたるものなるを信ず。

（「仏教改革私見」、『甫水論集』、『選集』第二五巻、一三九～一四〇頁）

このように、釈尊の根本に無二の大願と無限の大悲、至高・至大の精神が存在しているのだとし、今日の仏教はそれこそを具現すべきことを訴えるのです。そして次のようにも説くのです。

換言すれば、旧来の厭世的宗風を一変して、進取的宗風を発揮するの謂なり、形式的の宗教を一変して、精神的宗教を喚起するの謂なり。禅宗は禅宗のままにて可なり、浄土宗は浄土宗のままにて可なり。天台、真言は天台、真言としてこれを存し、真宗、日蓮はまたやはり真宗、日蓮としてこれを伝えて可なり。ただ、各宗がその体内に包有せる精神を外に開発して、一大活気を振起するをもって足れりとす。（同前、一四三頁）

さらに、円了は浄土真宗の寺院の出身なのでしたが、死後の浄土往生を望むのみの仏教より、むしろこの地上の社会の改革に取り組もうとする日蓮宗を高く評価するほどでした。「……今日世間一般に仏教を目して厭世教となし死後教となせるに対して、そのしからざるゆえんを示すには、主として日蓮宗諸師に、その宗意教理を広く世間に開示せられんことを望まんとす」（「将来の仏教につきて日蓮宗諸師に望む」、『甫水論集』、『選集』第二五巻、三〇二頁）というのです。さらにこのことについて、次のように説いています。

余案ずるに、日蓮宗の長所は、現世を本とし世間を目的とするにあり。……今後の仏教は世間門を先として出世間門を後にし、俗諦《ぞくたい》門を表にして真諦《しんたい》門を裏にせざるべからず。日蓮宗のごときは、すでに厭世教にあらずして世間教なれば、この際さらに進みて国際の競争に加わり、あくまで国家を円満ならしむることを目的とすべし。他の宗派も、永くこの国に栄えんと欲せば、必ずこの方針を取らざるべからず。しからずんば、僧侶は世間の廃物視せられ、寺院は無用視せらるるに至るは必然の勢いなり。しかりしこうして、余は日蓮宗に向かいて、今後の仏教改良の先鞭をつけられんことを望む。その方針たるや、世間的、競争的、有為的、進取的ならざるべからず。かくして、仏教は厭世教なり、僧侶は墓番なり、寺院は葬式取扱所なりとの妄評を説破せざるべからず。（同前、三〇三頁）

今後の仏教は、「世間的、競争的、有為的、進取的」であるべきで、その点、日蓮宗に大いに期待しているといいます。このような考え方もあずかってか、実は円了のお墓は、哲学堂公園のそばの日蓮宗寺院・蓮華寺にあります。ただし日蓮宗に対しては、「爾後、日蓮宗と他宗との間は、開港通商的精神をもって相交わり、互いに彼が長を取りて己の短を補い、もって宗派の統一と教理の円満を祈らざるべからず」（同前、三〇四頁）と述べ、その排他的性格を克服するよう、訴えています。

なお、かつて日蓮が「念仏無間《ねんぶつむけん》、禅天魔《ぜんてんま》、真言亡国《しんごんぼうこく》、律国賊《りつこくぞく》」の四箇の格言を説いたのに対し、円了は独自の四箇の格言を案出しています。『奮闘哲学』の中にあるものですが、それも厭世教とされる仏教をいかに社会に影響を与えさせるかの真情をほとばしらせたものと思わずにはいられません。その説もなかなかに興味深いものがあり、以下、煩を厭わず引用します。

世人みな仏教を目して厭世教となすから、仏教は果たして人生を悲観したる教えなるか否かを一言しておきたい。外面よりこれをみれば、仏教は全部厭世、悲観のごとくなれども、内容に入りてうかがわば、世間の人生を悲観するものをして楽観せしめたいという教えであることが分かる。釈迦仏が家を出でて、山に入られたのは悲観の境涯であるも、菩提樹下において正覚の悟りを開かれたるは楽観の境涯である。また最初説かれたる小乗教は厭世を免れぬけれども、大乗教に至りては此土《しど》寂光《じゃこう》とまで説ききたりて、純然たる楽天教である。またその哲学において一方より現実の世界を夢幻虚妄とみるも、他方より一実《いちじつ》中道《ちゅうどう》の理を開きて、万法は有にして空にあらざるゆえんを示してある。しかるにその教えがインド、シナ等に行わるるにあたりて、社会の事情のために厭世の方面にのみ重きを置くようになり、今日にてもわが日本の仏教家が依然としてその厭世を継続するは、全く釈迦の本意に背くものと思う。余がさきに活仏教の一書を著ししは、仏教は厭世主義にあらずして、活動主義、奮闘主義なることを世間に紹介せんためであった。つまり今日の僧侶が仏教を生かすことを知らずして、死物取り扱いをしていると思い、むかし日蓮上人が

励声疾呼して「念仏無間、禅天魔、真言亡国、律国賊」といわれたるに対し、余は、

真宗識無く、禅宗銭無く、浄土情無く、法華骨無し、これ今日の四箇の格言なり

真宗無レ識、禅宗無レ銭、浄土無レ情、法華無レ骨、是今日之四箇格言也

と叫び、また更に笑経一巻を作って風刺したこともある。

かくのごとくわれ聞く。一時、仏、大正の山巓に住む。大愚僧等七万人とともにす。そのとき仏告ぐ。汝らこの東洋最高の舞台に在り。なんぞ活眼を開かざらん。なんぞ活動をなさざらん。葬式法要のごときは、これ死事のみ。いたずらに仏を拝し災いを除き、空しく経を誦し福を祈らんと欲するがごとし。これ児戯のみ。もしそれ身に禅を行いて心に邪を思わば、口に名を称するも意に悪をおもう、これ魔道のみ。汝らこの類、最も多し。真に嘆くべし。方今、皇日、天に輝き、国威、地に震う。文明の月円く、知識の花鮮かなり。しかして煩悩の雲、仏天をとざし、無明の草、法城に埋まる。汝らこれをみざるか。盲もまたはなはだしき。ただ蠢々として動くこと蛆のごとく、唖々としてなくことカラスのごとし。なんの芸かこれ有らん。偈に説きて曰く、

念仏は物知らず、禅は頓馬、真言は盆鎗、律は間抜、天台は阿房、日蓮は馬鹿。

汝ら早く貪瞋の衣を脱げ、愚痴の垢を除け、忍辱の足を運べ、精進の手をふるえ、真如の胸を開け、菩提の眼を放て、仏光をして国光と共に世界に遍照せしめよ。大愚僧ら、

仏の所説を聞き、礼を作して去れ。　　（『奮闘哲学』、『選集』第二巻、二六八〜二七〇頁）

参考までに、「仏教みちしるべ」の最後には、「なお仏教の人生観は楽観にして、しかも活動主義をとるべきものの詳細なる説明は、拙著『活仏教』につきて一読を願いたい」（同前、二七七頁）とあり、その主張をも合わせ見るべきでしょう。

（6）まとめ

円了の立場は、時代の制約もあって確かに国家主義的な面を否定することはできません。仏教界の反応として、一般に明治初期は「排耶護法」（キリスト教を排し仏法を護る）を主とするものでしたが、明治二〇年代になると、それが「排耶護国」（キリスト教を排し国を護る）を訴えるように変わっていったといいます。それには、外国人の権利問題の交渉などが、関わっていたのでしょう。円了の護国思想の背景には、そうした全体的な社会の事情もありました。もちろん今ではその正当性も吟味しなければなりませんが、しかし円了が当時において力説した、「仏教は現実社会に深く関わるべきだ」「仏教は世間的、競争的、有為的、進取的になるべきだ」とする主張は、今日の日本仏教にとってなお重要な課題であることは否定することができません。

現在、仏教諸宗は、それなりに一定の地歩を日本の社会の中に占めることができていますが、その淵源は、井上円了が、当時の各宗管長を組織統合して、仏教界の復権に立ち向かわせたことにあるといって過言ではないと思います。その意味で、円了は今日の日本の仏教界にとって、きわめて大きな存在であったのであり、仏教界はけっして忘れてはならない存在であるというべきです。我々は、仏教の哲学を深く究明し、その立場から現実社会の改革に参画する仏教を構想した円了の志を汲み、今後もその実現をどこまでも追求すべきだと思うのです。

第五章　井上円了の宗教観

（1）はじめに

東洋大学の『井上円了選集』を見ると、円了は哲学や仏教学のみならず、宗教学、心理学、倫理学、教育学等において、多くの先駆的業績をあげていたことが知られます。第八巻に宗教学、第九・一〇巻に心理学、第一一巻に倫理学と教育学に関する主要な業績が収められていメす。第八巻には、宗教学関係の業績として、「宗教新論、日本政教論、比較宗教学、宗教学講義・宗教制度、宗教哲学」が収められており、そこでの研究対象は古今東西の宗教思想、宗教制度等にわたっており、その研究範囲の広大さに驚くばかりです。宗教哲学一つとってみても、すでにキリスト教神秘主義者・エックハルト（一二六〇頃～一三二八頃）の研究もあり、カント（一七二四～一八〇四）、ヘーゲル（一七七〇～一八三一）はもちろん、西洋の古今の哲学者の宗教思想を紹介しています。円了の仏教観、宗教観は、そうした広い視野に立って形成されていることを想うべきです。

さて、本章では円了の宗教観を見ていきますが、そのまず初めに、井上哲次郎との間で交わされた宗教と倫理をめぐる論争を見ておくことにしましょう。

井上哲次郎《いのうえてつじろう》（一八五五～一九四四、以下、哲次郎）は明治三二年（一八九九）一二月一〇日刊行の『哲学雑誌』第一四巻第一五四号に、「論説」として、「宗教の将来に関する意見」を発表しました。そこでは、儒教・仏教・基督教《きりすと》・神道がそれぞれ一長一短を持ちつつも、当時の時代にはもはや合わず、それらの根底にある契合点を抽出して普遍的な宗教とし、小我を捨てて大我に従うものとしての倫理として確立すべきだと論じました。それはまた、科学と矛盾しない、時代相応の合理的なものとなる利点もあるというのです。

これに対し、円了は、明治三四年七月に「余が所謂宗教」を『哲学雑誌』に発表（明治三五年四月六日発行の『甫水論集』に収録）、上述の哲次郎の宗教論に対し全面的に反駁します。円了は哲次郎の「宗教の将来に関する意見」の論点を、

第一に、倫理の成分を捕らえ来たりて宗教の第一原理とすること、

第二に、諸宗教を一括して総合的新宗教を構成すること、第三に、人格的実在を宗教の組織中より全然除去すること、とまとめ、そのいずれをも受け入れられないとして自論を展開したのです（『選集』第二五巻、二三頁）。

以下、それぞれの主張を、もう少し詳しく見ていくことにします。

（2）哲次郎と円了の宗教に関する主張

哲次郎は、明治になって智育は進歩したものの徳育はむしろ退歩しているとし（前掲『哲学雑誌』、九〇四頁。以下、同）、儒教と仏教を捨て、基督教も取らない中で、「教育上に一の欠陥を生ぜり、換言すれば、人をして行はしむべき徳育の基本を失へり」として、今後、どうすべきかはその時代の教育界の進路に横たわれる一大疑問であるといいます（九〇五頁）。その上で、儒教・仏教・基督教・神道の長所と短所とをあげたあと、それらの根底における契合点を探求します。それを「実在」とし、それこそ「世界及び人生観の極処にして、一切の道義、畢竟《ひっきょう》此《ここ》に淵源する」ものであるとするのです。さらに、それ（実在）自身は言葉に表しえないが、その表現には「第一、人格的 personlich、第二、万有的 pantheistisch、第三、倫理的 ethisch」の三種があるとします（九一二頁）。このなか、人格的の観念は幼稚であり、迷信を惹起し、科学と合致せず論理的に困難で維持しえないとして（九一四〜九一五頁）、それを排除しています。

ちなみに、ここで哲次郎は妖怪はありえないことを、次のように語っています。

> 第二、凡そ世界の現象は、悉く因果律 gesetz der Causalitat に限定せられ、一も原因結果の関係を免るること能はず、是を以て世界の中には妖怪なきなり。人の以て妖怪とすることはあらん、然《しか》れども是れ必ず何等か物理的の解釈あるべきものなり。一切の科学は因果律を基礎として成立せるものにて、寸毫も之れが一般性を無効ならしむるものあらば、吾人の世界観は忽ち其確実性を失はざるを得ざるなり。然るに人格的の実在は其意思によりて人事を左右し、物理的進行 physische Vorgange 以外に又慮外の原因をなすものなり。故に今日の科学的思想と相容るること能はざるなり、（九一五頁）

一方、万有的実在はそもそも哲学の対象で、宗教に必須のものではないとし、また基督教のように人格神のみを説く宗教がある以上、それは広く普遍的な契合点になりえないとして、これも退けています。

残るは倫理的実在ですが、哲次郎は、すべての宗教が人天合一を説き、そのことにおいて心の中に実在の声を聞き、倫理の根底をそこに求めることができるといいます（九一六〜九一九頁）。そのことをさらに次のように説明するのです。

此《この》内に感ずる所は侮蔑すべからず、是れ実に先天内容の声にして、始めて我混沌世界に萌すものなり。一切の経験を超絶せる平等無差別の実在界より来たるものなり。個々別々になれる小我の意思によりて起すにあらず、小我の意思に先立ち、一切を融合せる無限の大我より来たるの声なり。此大我の声は独在の時、耳にささやく声なり、夜半暗黒の裏に聞くべき声なり。人をして恥辱若《も》しくは侮恨の念を起さしむる声なり。此大我の声に逆《さか》ふものは、則ち小我の声にして、まったく一個の情欲即ち私欲より来たる。大我の声に従ふものは善、小我の声に従ふものは悪、善悪の分るる所分明にして青天白日の如く、復た疑を容るるの余地なし。若し此内に感ずる所を本として己れが行為を規定せば、必ず、内外一致の結果を来たし、一切の外物は己を中心として施転するの感なくんばあらず。……

（九二二頁）

こうして、大我による「先天内容の声を本として」倫理が立つのであり、その人に悪を離れしめ善をおこなわしめる効果は抜群で、「凡そ宗教の効力あるものは、此人生唯一の鑰鍵《やくけん》を執へて起れり。故に能く億万の人心を支配し、千載の下に影響を及ぼすを得たるなり。……是故に宗教に常住不滅の真理ありて之れが根柢たるを知るべきなり。常住不滅の真理は他にあらず、先天内容の声なり。先天内容の声は、一切宗教の因りて起る所なり」（九二三頁）と説くのです。

こうして、哲次郎は大我と小我の語をもって宗教的倫理若しくは倫理的宗教の意義を説明することになります。「唯々大我に従ふものは、其《その》勇気実に量るべからず。是れ無限の大我を以て眇《びょう》たる小我に向ふが故なり。獅子奮迅の勢は之が為めにあるなり。……」（九二四頁）などともあります。結局、次の結論に至ります。

是故に古の聖人の学脈は唯々大我に従ふの一点にあるを知るべきなり。然るに彼等偽善者は此れを之れ知らず、唯々小我に従ひて、其《その》小智を頼み、時々刻々、危険に近づきつつゐるなり。其状瞽者の倀々《ちょうちょうこ》乎として深遠淵に臨むに異ならず。一たび小我を捨てて、大我に従はば、夢の醒めたるが如く、始めて人道の正に帰するを得べきなり。之れを要するに、先天内容の声を本とするの倫理、即ち小我を捨てて、大我に従ふの倫理は実行上最も効力ある主義にして、諸宗教共通の点なり。是故に一切宗教の形体を離れて、我教育界現

今の欠陥を充たすべきものは、此の如き倫理を置いて、他に求むべきにあらざるなり。（九二五頁）

なお、哲次郎は、自ら構想するこの諸宗教に普遍的な倫理的宗教の意義について、次のように説いています。

宗教は常住不滅の真理を基礎として立つべきものにして、決して個人の教にあらず。是れ実に人類の相共に認定すべき一切行為の主義に外ならざるなり。今諸宗教の根柢に於ける契合点《かいごうてん》を取りて之れを変形せる普遍的の宗教とせば、是れより誰れの宗教といふことなく、人類一般に共通なり。此の如くなれば、一切の宗教を融合調和して、毫《ごう》も扞格《かんかく》する所なく、而して釈迦、基督、孔子等の根本思想は自ら其中に存するを知るべきなり。（九二八頁）

然るに若し諸宗教の根柢に於ける契合点を執へ来たらば、真正の唯一神教、是に於てか始めて成立するを得べし。而して此の如き唯一神教は唯々倫理的旨趣を有するのみにて、毫も人格といふものを取らざるが故に、今日の哲学及び自然科学と併存して、何等の撞《どう》

着《ちゃく》もあらざるなり。（九二六頁）

諸宗教 die Religioner の差別は、其歴史的の特殊性を打破するに従ひて、次第に消失して、残るものは其契合点を基礎として立つ所の唯一の宗教 die Religion なり。此唯一の宗教は、人をして善を行はしむべき効力を有し、如何なる社会にも適応せざることなきものなり。（九三一頁）

以上が、哲次郎の宗教に関する主張ですが、円了はこれに敢然と反論したのでした。では、円了の主張はどのようなものだったのでしょうか。

すでに述べたように、円了は哲次郎の主張である、①倫理を宗教の第一の要素とすること、②諸宗教の共通点によって新宗教を構成すること、③人格的存在を宗教から排除すること、の三点について反論するのでした。まず第一について、それ自身の独自の本領（固有の本質）を有する宗教を倫理に降伏せしめることには、宗教と倫理の異同を知る者として、とうてい服することはできないと述べています（「余がいわゆる宗教」、『甫水論集』、『選集』第二五巻、一二三頁。以下、同）。倫理は、宗教の目的を達成するための方便であるが、方便と目的を混同するのは不都合である（一二四頁）というのです。

では、宗教の目的とは、何なのでしょうか。円了はここでまず、人間の思想における正面と反面の二つの面において、前者が学術となり、後者は宗教となるといいます。両者には、

正面は、　可知的・有限・変化・生滅・現象・仮有・相対・差別・万殊　等

反面は、不可知的・無限・恒久・不滅・本体・実在・絶対・平等・一本　等

の対照を見ることができ、可知的に向かうのを求心性、その範囲を越えようとするのを遠心性と呼び、「宗教は此遠心性に本づき、不可知の境遇に本領を有するもの」であって、それは人の心にもとよりあるものなので、「宗教をもって人心の根底より流出するもの」であると説きます（二五頁）。そもそも、人間は人生の無常と人力の微薄とを感じないわけにはいかない。およそ人生上のあらゆることは意の如くならない。また、今日なお人智以外の不可知なるもののあることを自覚せざるを得ず、意の如くならないことについて人智ではいかんともしがたいことです。こうして、「人知の有限、人力の不足、人間の薄弱なることは、決して余が一人の空想にあらず、古今東西を一貫せる事実なること明らかなり」（二八頁）です。一方、「人心の要求、願望、想像はともに無量無限なれば、昼夜朝暮常に最上の快楽、完全の生存を要求してやまざること、これまた古今にわたり東西を通じて人情の同じきところなり」（二八頁）でもあります。そのあくなき欲求を持つ人間に満足を与えるものは、文運も学術も人智も皆な不可能であり、「ただ古来宗教ありて、ひとりこの要求を充足せしめ」たのであり、これが「宗教

の人生に起こりたるゆえんにして、また人生に必要なるゆえんなり」（二九頁）だというのです。では、宗教はどのようにあらゆる人々に満足を与えるかというと、次のように語っています。

……人知の有限に対して不可知的無限界あることを示し、人世の生滅変化あるに対して不変化不生滅の世界あることを示し、人力の不可能不可及のことあるに対して、人力以上現象以外の別世界、すなわち絶対平等不可思議の世界あることを示し、もって有限界の不満足不完全は、無限界をもって補充するの道を開き、広く世の失意不平の人をして慰安することを得せしむるに至る。（二九頁）

こうした絶対・平等・不可思議界は、思想の（正面の）反面より反射・反響し来たった、思想の上におのずから展開したものであって、「人心中に胚胎せる先天の声によりて喚起せられたるもの」（二九頁）であるとしています。

円了によれば、このような宗教に対し、倫理の本領は「思想の正面たる可知的界にあるべきもの」（三〇頁）なのであり、ゆえに倫理と宗教とは全くその本領を異にしている（三〇頁）というのです。

このことは、『倫理摘要』第一章の「第六節　倫理学と宗教学との関係」においても、同様に、「つぎに宗教学と倫理学との関係いかんにつきて一言せざるを得ず。およそ宗教はその種類のなんたるを問わず、多少人の道徳を説かざるものなく、いずれの国にありても宗教によりて道徳を立てしは古代一般の風にして、すでに欧州のごときも中古にありては世間の道徳は全く宗教の支配するところとなり、この二者密接の関係を有するのみならず同一なるもののごとく考うるに至りしも、近年学術の進歩に伴い全く宗教の範囲を脱して道徳の独立を見るに至れり。けだし宗教にありては人間の目的、行為の善悪賞罰等、みなその原因を天地以外の世界、人間以上の天神に帰し、その道理を訓示するものをもって宗教学となすといえども、倫理学は人間世界にありて人智をもって道徳の性質を講究するものなれば、両学の別おのずから知るべし。かつ欧州中いにしえの道徳は全く宗教の支配するところなりしも、近年の道徳はようやくその範囲を脱して独立の講究法を開くに至れり」（『選集』第一一巻、一五八頁）と示しています。

これらの見方を受けて、「余は、宗教の本領は不可知的界にあるものなれば、将来幾百年を経過するも、永くその本領を守りてこそ、宗教の功能も必要もあるべけれ。もし、これをして方角違いの倫理の畑へ植え込みたらんには、なんらの功用もなく、数年の後ついに自然消滅の不幸を見るに至らんのみ。倫理は倫理なり、宗教は宗教なり、宗教を倫理に同化するは、倫理を宗教に同化すると、その不都合なる度においては同一なるべし、これ余が巽軒《そんけん》博士（哲次郎）の説に賛同することあたわざるゆえんなり」（三四頁）と断ずるのです。

なお、不可知界を本領とする「宗教と一般の学術との二者の間を接合するものは、ひとり純正哲学あるのみ」（二五頁）なのですが、その関係について、「純正哲学は思想の正面に城門を開き、往々反面に進入するも、論理の力窮まりて自退自却するのやむをえざるに至る。これに反して宗教は論理によらずして、信念信仰にもとづくものなれば、思想の反面に突進して、ここに安住するを得るに至る」（三六頁）と説明しています。この安住の状態については、「いわゆる神人冥合、心仏一体の妙趣を感知するに至らざるべからず」（三六頁）とされ、さらに「言語道断《ごんごどうだん》、心亡慮絶《しんもうりょぜつ》」とも示しています。

その上で、円了は次のように哲次郎を批判するのです。

……巽軒博士は釈迦、ヤソの幾万の生霊を感化して、よく偉大の勢力を死後数千歳の後に維持するは、ひとり倫理上の感化のごとく論ぜらるるも、これ大いなる見当違いにして、その実行上においては倫理の感化なきにあらざれども、その教理としては人をして神人冥合、心仏一体の妙境に至らしめ、無上の快楽を感知せしめたるによるは、疑うべからざる事実なり。（三七頁）

同時に円了は、「将来の宗教はますますその本領を守り、人事不如意、人生難恃の世にありて、賢愚利鈍、貧富、老若男女をして、なるべく平等一様に宗教の妙味を感得せしめ、苦患の世界を変じて安楽の浄国となし、絶望の人を導きて楽天の地に至らしめんことを切望してやまざるなり」（三八頁）とし、結論的に「余がいわゆる宗教は、思想の反面たる絶対不可知的の門内に本領を定め、人をしてこの境界に超入直達し、もって妙楽の心地に安住せしむるもの」（三八頁）とまとめます。さらに、「宗教の本領は不可知的、その目的は安心立命、その作用は信仰直覚、その方法は相対と絶対との一致契合なりと知るべし」（三八頁）ともまとめています。

次に、「諸宗教の根底における契合点をとらえきたりて、総合的新宗教を開始せんとする」ことについて、否定はしないが「その実際の成功においては大いに疑うところなきあたわず」（四〇頁）と述べています。

たとえば、諸宗教の教説は必ずしも一致しないといいます。哲次郎は、諸宗教が一様に大我を説くとしたのでしたが、「仏教はこれを斥して外道となし、儒教はこれを排して異端となし、ヤソ教はこれを貶してヘーゼン〔heathen、外道〕となすは必然」（四四頁）だと指摘します。結局、哲次郎の説は巽軒教、井哲宗と呼ばれるのみ、あるいは井上山巽軒寺、大我山内容寺と呼ばれるのみで、従来の宗教からは敵視冷遇され、誰も信徒になりはしないであろう（四四〜四五頁）と、いわば揶揄しつつ退けます。さらに、このような、諸宗教の契合点を抽出総合してできた宗教は、「あまり無味無色に過ぎて、人心と結合することあたわざるのみならず、人目を引くことすらなお難からん」（四五頁）といい、「一切の歴史的関係と諸宗教の特殊性とを除き去り、その根底における普遍的契合点のみを集めて作りたる宗教は、あたかも味噌汁、醤油汁、スープ、牛乳の特殊性を除きて総合的美味を作らんと欲し、これを蒸露して無味無色の水となしたがごとく、宗教としてはさらに功用なきものならんと信ず」（四五頁）とさえいっています。

また、新宗教を作るもその完成・定着にはきわめて長い時間がかかるはずであり、それよりは旧宗教を時代相応のものに改良することを試みるほうが急務であるとも主張しています（四六頁）。

最後に、人格的実在を排除することに関しては、「余おもえらく、仏教の長所は法、報、応の三身を立つるにあり。法身の涅槃のみにては学術として価値あるも、宗教としてはさらに効力なきものとなるべし」（四九頁）と示します。そのわけとして、修行の結果、仏となった報《ほう》身仏《じんぶつ》を否定することはできないだけでなく、人格的実在は一切の宗教に次の理由で必要だというのです。

……哲学としては絶対平等、無限不可思議の実在を証明するのみにて足るも、宗教の目的は人をしてこの体と融合し、この地に体達せしめんとするにあれば、その実在をして人に接近せしめざるべからず。人は有限中の有限なり、相対中の相対なり、差別中の差別なり。しかしてその体は、無限なり、絶対なり、平等なり。かかる著しき径庭あるものをして一致冥合せしむるには、必ず無限をして有限化するを要す。かくして絶対の有限化したるもの、さらに人間化し人格的実在となりて宗教中に現ずるに至る。これ、他なし。

（四九～五〇頁）

また、円了は哲学においては不可知なる絶対的世界に関して人格的実在を立てることはできないとしても、宗教においてはこれを立てて不都合はないことを、理論と実際の両面から論じます。まず理論的には次のように論じています。

けだし、人には知情両作用ありて、知的作用は絶対の実在をして人と疎遠ならしめ、情的作用は人と親近せしむる傾向あり。しかして宗教は、思想の反面より喚起せる絶対の体に一致冥合せんとする先天的心内の要求が、情門をたたきてこれに親近せんとするの結果、哲学的理想と異なりたる有限的色相を現ずるに至る。その色相が情眼に映じて人格性を現ずるなり。これ、余が哲学と宗教とを同一視するの非なるを唱うるゆえんにして、また宗教には知的元素のほかに情的元素の加わることを述ぶるゆえんなり。（五〇頁）

また、人間の思想という観点から考察しても、たとえば人は何らか絶対の実在を認識するとき、有限性を帯びざるをえず、これをさらに明瞭化しようとするとき、ついには人格性を助長することになる（五〇頁）。それに、絶対そのものを観るに、言語で表わせない等の否定的に捉えられる面と「勢力あり、活動あり、光明あり、開展あ」る積極的な面とがある。この後者が示す「有為有作の実在」が自然に人格性を思想上にもたらす。これは智情共同の結果であるというのです（五一頁）。

さらに、宗教は人生の有限、世界の不完等より起こる所の不満足を絶対の実在に向けて満たさんとすることを目的とするものであるので、「個人の不完全なる感情は、たちまちその返響として完全なる個人の実在を喚起し、もって宗教心の要求をみたすに至る」（五二頁）のであり、ゆえに宗教には一般に人格性の実在を立てるのだといいます。それは、いわば大我の形であり色でありますが、哲次郎が大我の声を認める以上、大我の色を認めてもよいはずだともいっています（五二～五三頁）。そうして、次のように説くのです。

……元来、宗教は吾人の不完全なる自覚より完全の域に進向せんとする、先天内容の要求によりて喚起せるものなれば、その要求と同時に最も完全なる個体を反映写出しきたるもの、これすなわち人格性実在なり。この実在は、実に吾人が実際上、完全の域に向かいて進むの目標なり。かかる目標ありて、はじめて吾人を漸々改善進化し得るなり。しかしてこの目標は、宗教、倫理ともに要するところなれども、倫理は人間の範囲内において最も完全なるものを目標とし、宗教は人間全体の不完全を自覚し、真の完全は人間以上にありて存するものとし、ついに絶対の関門をたたきて完全の個体を喚起し、これを目標となすに至るの別あり。（五三頁）

これらをふまえて、「これを要するに、人格性実在は吾人を導きて完全の域に進ましむる目標として、実際上宗教必須の条件なりと知るべし」（五四～五五頁）と主張するのです。

なお円了は、「余の意は、人格性実在をもって宗教の第一原理と立つるものにあらず。その第一義諦はもとより絶対平等不可思議の実在に相違なきも、その実在が有限の人心に接触するときに、吾人の内容より発する大我の色となりて、人格性実在を現ずるものなれば、第二原理に属すべき条件なり」（五五頁）と説明して、しかも両原理は同体であるとしています。これを、一つの月が万波に映って万の月になるも、その個々の月は元の一つの月と同体であるとの例を述べ、「ゆえに、余は仏教の三身一体説を、よく理を尽くしたるものとして信ずるなり」（五六頁）と表明し、かつ基督教に対して、人格性実在のみ説いて普遍性実在を説かず、また両者の同体不離を説かないとすればその教理発達の程度は低いというほかないと論じています（五六頁）。

こうして、哲次郎の宗教に対する見解に対し、三つの論点を挙げてすべて反駁したのち、最後に円了は「余がもっぱら論ぜんとする点は第一条の下にあり」（五六頁）とし、「しかるに、巽軒博士はこれを倫理に同化し去らんとせられたるは、余が大いに宗教のために遺憾とするところなり。かつ、この挙たるや宗教を暗殺するにひとしきものなれば、到底黙過すべからざるものなるを知り、ここに余が反対意見を開陳して、世の高評を仰ぐに至る」（五七頁）と述べます。ただし、この論は「全く巽軒博士の「宗教意見」に反対の意を述べたるまでなれば、余が宗教論の全意を示せるにあらず。その全意のごときは、他日別に世間に発表することあるべし」（五六頁）とも述べています。

以上に、円了の宗教観が浮き彫りになったことでしょう。古今東西の宗教思想を学び、自身、特に仏教には深く関与していただけに、さすがにその宗教観には深いものがあると知られます。

なお、哲次郎と円了とは教育と宗教の関係のことについても、意見を異にしていました。上述の宗教に関する論争も、このあと何回か往復があります。両者がこうした思想分野において対立した背景には、上からの統制を強めようとする哲次郎と民衆からの運動を期待する円了との姿勢の差がありました。ちなみに、哲学館事件で徹底的に文部省を擁護したのが哲次郎でした。

（3）哲学と宗教の関係

前節には、倫理と宗教の関係について見ましたが、そこには、「宗教と一般の学術との二者の間を接合するものは、ひとり純正哲学あるのみ」（二五頁）とあると同時に、「純正哲学は思想の正面に城門を開き、往々反面に進入するも、論理の力窮まりて自退自却するのやむをえざるに至る。これに反して宗教は論理によらずして、信念信仰にもとづくものなれば、思想の反面に突進して、ここに安住するを得るに至る」（三六頁）とありました。哲学も不可知界に関与するのですが、宗教とはやはり異なった、論理に基づく仕方でそこを究明していくわけです。ここに、哲学と宗教との接点と分岐点とがあります。

この哲学と宗教の関係について、円了はたとえば「迷信と宗教」について説明する中に、哲学と宗教の違い、もしくは宗教に哲学があるべきことを、次のように説いています。

……哲学上宇宙の道理を究め、論理に合することを認めて信ずるのは合理的信仰にして、いかに究めても、人知の及ばざる理外の理なるを認めて信ずるのは、超理的信仰である。すなわち前者は哲学にして、後者は宗教である。しかして道理にもとりたることを道理あるもののごとく、誤りて信ずるを迷信と名付くることになる。しかるに宗教は道理によらず、始めより理外と認めて信ずるから、人知の未だ開けざるとき、また知識の程度低きものには、迷信を混同するを免れぬ。よって宗教につきてかれは迷信である、これは正信であるとの鑑定を与うるは、哲学の受け持ちである。哲学上、宇宙の道理を究めたる結果、可知的と不可知的との別を知ることができる。その不可知的を根拠として、人に信仰上ここに体達することを教うる方が宗教である。そこで哲学と宗教との別は、哲学は道理によりて不可知的であることを知了する方にして、宗教は道理によらず、単に信仰によるの別あるのみならず、哲学は道理上不可知的の本体、すなわち絶対を認識するにとどまり、宗教は実行上その絶対に一致融合することを教うるの異同がある。しかしてこのいわゆる哲学は向上門を指していうのである。この理によりて考うるに、宗教は哲学と相伴わざるを得ざることが分かる。哲学は知識の眼、宗教は実行の足であり、哲学の知目と宗教の行足と相待ちて、目的地に至り得るわけである。しかるにヤソ教は単純の宗教にして、仏教は哲学と宗教とを合したるものなれば、余は『仏教活論』において、仏教のヤソ教に勝りたることを主唱したのである。

（『奮闘哲学』、『選集』第二巻、三八八〜三八九頁）

こうして円了は、哲学は絶対を認識し、宗教は絶対に一致融合するのであり、しかも宗教にはその哲学がなければならないとも説くのでした。哲学は知（眼）、宗教は行（足）であり、仏教にはその両者が具わっているところに、その優越性を見るのでした。言い換えれば、おそらく円了は哲学で人生の大事が完結するわけではなく、その哲学を伴う宗教によって人生の大事は完結すると考えていたことでしょう。

実際、円了は哲学と宗教に同じ面と異なる面とを同時に見ていました。そのことについて、たとえば「哲学和讃」に、次のように示しています。

人のいわゆる哲学と、われのいわゆる宗教は、一つの体に両面の、関係あるに異ならず。
宇宙の体にやどりたる、無限の霊を究むるは、知識によれる哲学の、任務なることむろんなり。
もしその霊の本体に、われを融合せしむるは、哲学外に宗教の、受け持ちなりと記憶せよ。

（同前、四三八頁）

円了によればこのように、哲学は知識によっていわば存在の根源を究明するのですが、宗教はその根源と自己とを融合させる働きを持つものであり、そこに両者の違いがあるというのです。円了は、その存在の根源のことを、ここでは「無限の霊」と呼んでいました。この「無限の霊」とは、同じ「哲学和讃」において、

物と心の関係は、離れて離れぬ絶妙の、不一不二とぞ定むるは、一元論の極致なる。
この一元の本体は、不可思議中の不思議なり、心ことばも及ばねば、絶対無限と名付けたり。
宇宙の森羅万象は、その絶対の波にして、時方二系の際なきは、その発したる光輝なり。

（同前、四三七頁）

と述べられた、「絶対無限」のことでもあるでしょう。哲学もこの絶対無限を究明しようとするものではあります。しかし宗教はこの絶対無限なるものに、実際に自己を融合させるものなのであり、それが円了の宗教観であると、ひとまずいえることと思います。

では、そのいのちの根源に自己を融合させるには、どのようにすればよいのでしょうか。円了がもっとも信頼するに足ると見た仏教においては、そのための行というものが多彩に説かれてきました。空観《くうがん》、唯識観《ゆいしきかん》、法界観《ほっかいかん》などの観法、天台の止観行《しかんぎょう》、あるいは常行三昧《じょうぎょうざんまい》などの念仏行、真言密教の阿字観《あじかん》あるいは三密加持《さんみつかじ》の行、さらには、念仏、坐禅、唱題等々、いずれも円了のいう「霊の本体にわれを融合せしむる」ものでありましょう。もちろん、行以前の信においての無限との融合もありうることです。親鸞《しんらん》（一一七三〜一二六二）の真宗はまさにその道でありましたし、あるいは『華厳経《けごんぎょう》』には、「初発心時《しょほっしんじ》、便成正覚《べんじょうしょうがく》」と説いています。この初発心時とは、信決定時、信成就時のことにほかなりません。

しかし円了は、固有の神仏を説く既成の仏教は、当時の近代化の波にそぐわない面もあると感じていたようです。西洋の学問の洗礼を受けた者には、もはや伝統的な仏教のままでは説得力を持ちえないとの懸念も有していたようです。そこで円了は、新しい独自の宗教を創始するのでした。それは「哲学流の宗教」というべきものでありました。そのことを、円了は「哲学和讃」に、次のように説いています。

哲学好む人にして、仏を信じかぬるなら、南無阿弥陀仏の代りには、南無絶対と唱うべし。

南無絶対と呼ぶうちに、心の高きところより、いとも妙なる先天の、声と光を発すべし。
南無絶対と南無阿弥と、唱うる声は異なれど、悟り上げたる境界は、同じ高嶺の月を見る
かかる信念持つ人は、普通の宗と異なれば、哲学流の宗教を、信ずる人と名付くべし。

（同前、四三八〜四三九頁）

ここで円了は、浄土教の念仏を踏まえつつ、阿弥陀仏《あみだぶつ》という伝統的な仏に代えて、「絶対」を挙げています、阿弥陀仏の「阿弥陀」の意味は、無量寿《むりょうじゅ》・無量光《むりょうこう》のことであり、それはまさに絶対無限というにふさわしいものです。円了は西洋哲学の概念を導入して古来の阿弥陀仏に代えつつ、しかも念仏と同義の行を提唱するのです。

ちなみに、この「絶対」、あるいは前に見たような「絶対無限」といった言葉は、当時の哲学研究者が宗教を語るときによく用いた言葉といえるかと思われます。たとえば円了の後輩の清沢満之《きよざわまんし》（一八六三〜一九〇三）は、その著『臘扇記《ろうせんき》』明治三一年（一八九八）一〇月二四日に、

自己とは何ぞや。これ人生の根本的問題なり。自己とは他なし。絶対無限の妙用に乗託して、任運に法爾にこの境遇に落在せるもの、すなわちこれなり。

（松原祐善・寺川俊昭編『定本　清澤満之文集』、法蔵館、一九七九年、四〇九〜四一〇頁）

と記しています。また、円了の『哲学一夕話』に大きな影響を受けたという西田幾多郎《にしだきたろう》（一八七〇～一九四五）は、処女作『善の研究』（第四編・宗教　第五章「知と愛」）において、

以上、少しく知と愛との関係を述べた所で、今これを宗教上の事に当てはめて考えてみよう。主観は自力である。客観は他力である。我々が物を知り、物を愛すというのは、自力をすてて他力の信心に入る謂である。人間一生の仕事が知と愛との外にないものとすれば、我々は日々に他力信心の上に働いているのである。学問も道徳も皆、仏陀の光明であり、宗教というものはこの作用の極致である。学問や道徳は、個々の差別的現象の上に、この他力の光明に浴するのであるが、宗教は、宇宙全体の上に於いて絶対無限の仏陀そのものに接するのである。「父よ、若しみこころにかなわば、この杯を我より離したまえ。されど我が意のままをなすにあらず、唯みこころのままになしたまえ」とか、「念仏はまことに浄土にむまるるたねにてやはんべるらん、また地獄におつべき業にてやはんべるらん、総じてもて存知せざるなり」とかいう語が、宗教の極意である。しかしてこの絶対無限の仏もしくは神を知るのは、只これを愛するによりて能くするのである、これを愛するが、即ちこれを知るである。

（『西田幾多郎全集』第一巻、岩波書店、〔旧版〕一九九頁）

と述べています。彼らが絶対無限の語を用いたのは、直接に円了の影響によるのかどうかはさらに検討を要することですが、古来の固有の神仏の名を避け、普遍的な宗教哲学を志向している点では、円了と軌を一にしているといわなければならないでしょう。

(4) 哲学流宗教の創唱

円了は自己を無限の霊の本体と融合させるものが宗教なのであり、その方途として「南無絶対」と唱える道を示したのでしたが、この「南無絶対」のことを、円了は他においてもう少し詳しく、「南無《なむ》絶対《ぜったい》無限尊《むげんそん》」といっています。尊ということで、それが生きたいのちであることを響かせたものでありましょう。次の文章は、この「絶対無限尊」の意味合いについて、比較的詳しい説明をしたものです。

余思うに、哲学の極意は、理論上、宇宙真源の実在を究明し、実際上その本体に我心を結託して、人生に楽天の一道を開かしむるにほかならず。ここにその体を名づけて絶対無限尊という。空間を究めて涯なきを絶対とし、時間を尽くして際なきを無限とし、高く時空を超越してしかも威徳広大無量なるを尊とす。

（「哲学堂案内」、『妖怪玄談』、大東出版社、二〇一一年、二六三頁）

絶対無限尊というとき、絶対は空間、無限は時間と比定されていて、このこと自体は絶対をやや矮小化したといわなければならないかもしれません。それはともかく、さらに尊をも付しているわけです。この尊は、何らかの人格的存在を想起させるものがありましょうが、時空を超越して、しかも単なる無とか虚空とかではなく、「威徳広大無量なる」（広大無量なる威徳のはたらき）についていうものとされています。このややあいまいな表現にとどめてあるのは、尊の語が必ずしも人格的なものを意味するわけでなく非人格的なものを意味するものであることを伝えたいためなのかと思われます。それこそ無限の威徳を発揮するものが、絶対無限尊なのです。

一般に阿弥陀仏は人格的に表象されるに違いありません。しかし阿弥陀仏も無量寿・無量光である以上、仏身を種々説くにせよ、本来、いわゆる姿・形を持った身体的な存在として眼に見えるようなものをも超えた、まさに絶対無限の存在であるに違いありません。しかも大慈悲に満ちた存在なのであり、そこに広大なる威徳があります。かの哲次郎の見解を批判した「余がいわゆる宗教」にも、「余の意は、人格性実在をもって宗教の第一原理と立つるものにあらず。その第一義諦はもとより絶対平等不可思議の実在に相違なきも、その実在が有限の人心に接触するときに、吾人の内容より発する大我の色となりて、人格性実在を現ずるものなれば、第二原理に属すべき条件なり」（『選集』第二五巻、五五頁）であり、しかもその二つの原理は一体であると説明していました。したがって、絶対無限に尊をつけることも、円了において矛盾はないものであったでしょう。

では、その絶対無限尊に自己を融合させるには、どうすればよいのでしょうか。円了は、その早道が、前にもあったように、念仏ならぬ念絶対無限尊にあるとします。その効果も含め、その早道のことについて次のように示しています。

> これに我心を結托する捷径《しょうけい》［近道］は、ただ一心に南無絶対無限尊と反復唱念するにあり。人ひとたびこれを唱念する時は、たちまち鬱憂は散じ、苦悩は滅し、不平は去り、病患は滅じ、百邪の波おのずから鎮まり、千妄の雲は自然に収まり、たちどころに心界に楽乾坤《けんこん》を開き、性天に歓日月を現じ、方寸場頭に真善美の妙光を感得するに至る。これと同時に宇宙の真源より煥発せる偉大なる霊気が我心底に勃然として湧出するに至る。その功徳、実に不可思議なり。
>
> （前掲『妖怪玄談』、二六三頁）

すなわち、「ただ一心に南無絶対無限尊と反復唱念する」とき、あらゆる障害は消え去り、心は歓喜に満ち、外には一々の事象に真善美の妙光を感得し、内には偉大なる霊気が湧き出でるというのです。まことに絶大なる威光に浴するがごとくです。この境地は、円了自身の自内《じない》証《しょう》（自ら内に証するところ）の世界そのものであったと思われます。

仏教古来の念仏の行法は、必ずしも口に称える称念には限られず、むしろ心に念じる観念（観相）の念仏や憶念の念仏が本来の念仏なのでありました。源信《げんしん》（九四二～一〇一七）の『往《おう》生要集《じょうようしゅう》』には、観念の念仏の方法が詳しく説かれています。しかし浄土教の救いのあり方が深く追究される中で、唐の善導《ぜんどう》（六一三～六八一）にあっては本願に基づく口《く》称《しょう》の念仏が推奨されるようになり、源信もそのことをひそかに示唆し、法然《ほうねん》に至っては、ただ口称の念仏のみがいずれの行も及びがたい者の唯一の救いの道と見きわめられたのでした。

法然がこの道に覚悟を定めたのは、阿弥陀仏が本願にこの口称の念仏を選択したからだという理由によったからです。では、阿弥陀仏はなぜ口称の念仏を選択したのかといえば、一つはどんな人でもどこでも行じることが可能という易行《いぎょう》性からであり、もう一つは称名《しょうみょう》念仏《ねんぶつ》にはもっとも功徳が多いという最勝性からであると考えられたのでした。この最勝性ということについて法然は、名号はこれ万徳の帰する所なり。しかれば則ち、弥陀一仏の所有の四智・三身・十力・四無畏等の一切の内証の功徳、相好・光明・説法・利生等の一切の外用の功徳、皆ことごとく阿弥陀仏の名号の中に摂在《しょうざい》せり。故に名号の功徳、最も勝とするなり。

（『選択本願念仏集』、『法然　一遍』、日本思想大系一〇、岩波書店、一九七一年、一〇五頁）

と説いています。名号には、阿弥陀仏の身心に備わっている功徳や外に表われた功徳の一切が収まって存在していて、ゆえにこれを唱えることは他の一切よりも勝れているのだというのです。円了はきっと、自ら提唱する絶対無限尊にも同じことがいえると主張することでしょう。

円了は「南無絶対無限尊」の「反復唱念」について、実は口称の念仏のみならず、三種類の仕方があるとも説いています。次のようです。

しかしてこれを唱念する方法に三様あり。

誦唱＝声を発して南無絶対無限尊を唱う。

黙唱＝口を塞ぎて南無絶対無限尊を唱う。

黙念＝目を閉じて南無絶対無限尊を念ず。

この唱念法によりて我心地に安楽城を築き、進んで国家社会のために献身的に奮闘活躍するを哲学堂（自称、道徳山哲学寺）において唱導する教外別伝《きょうげべつでん》の哲学とす。

（前掲『妖怪玄談』、二六三頁）

このように円了の場合、必ずしも口称にこだわらず、誦唱、黙唱、黙念、いずれでもよいとしています。よく口称の念仏は、密教において、即身成仏《そくしんじょうぶつ》を約束する三密《さんみつ》（身密・口密・意密）加持《かじ》から一密加持だけでさえも即身成仏可能との理解が開かれたことと関係しているといわれます。三密加持とは、身に印を結び、口に真言を唱え、心は三昧《さんまい》に住するというものですが、その三密のうち口密《くみつ》のみでもよいという主張と関係が深いというのです。この一密成仏は特に平安末期の覚鑁《かくばん》（一〇九五～一一四三）によって唱えられた思想なのですが、円了の場合は行法を唱念に絞りつつも、その実際においては語黙等多様な方法を認めるのでした。そこにも円了の狭い原則にとらわれない、弾力的な、実用重視の立場がうかがえます。円了は柔軟でふところの深い人物であったのです。

円了は「多年実究の結果として唱念法を考定した」というその唱念法に関して、和讃二五首を制作しています。ここに、円了創始の宗教の全貌が語られていると思われますので、以下、長くはなりますが煩を厭わず、そのすべてを掲げてみます。

世の哲学を眺むるに、議論の花は開けども、いまだ一つの応用の、実を結ばぬは遺憾なり。

高嶺の月を知らずして、麓の道に迷いつつ、有無の詮議に日を送る。こは哲学の時弊なり。

人の心の渡るべき、道を示さぬ哲学は、向上ありて向下なき、不具の学と名づくべし。

向下門の哲学は、向上門の究竟理を、実践躬《きゅうこう》行する道を、教ゆることにほかならず。

かかる真理を世の人に、示して実行せしむるは、多くの道のある中に、唱念法こそ至要なれ。

唱念法は口にただ、南無《なむ》絶対無限《ぜったいむげん》尊《そん》、唱うるほかに何ごとも、勤め行なう用はなし。

賢愚利鈍の隔てなく、唱うるのみで安心の、岸に達する道なれば、捷径《しょうけい》中の易行なり。

南無絶対を唱うれば、迷いの雲は晴れわたり、暗き心もたちまちに、光の満つる心地する。

南無絶対を唱うれば、よろずの波は鎮《しず》まりて、心の水に絶対の、月影浮かび来たるべし。

南無絶対を唱うれば、地獄と見えし人生が、たちまち変じ極楽の、世界となりて現わるる。

南無絶対を唱うれば、唱うるうちに厭世の、心機転じてからだまで、喜び勇むようになる。

南無絶対を唱うれば、唱うるうちにわれ彼の、差別も消えて絶対の、光の中におさめらる。

南無絶対を唱うれば、唱うるうちに絶対の、徳も力も心底に、泉のごとく湧き上がる。

南無絶対を唱うれば、心に満つる悪念が、自然にうせて万善の、徳を積みたる人となる。

口に唱うる七文字に、かかる功徳の大なるは、不思議の中の大不思議、真実妙と名づくべし。

声を発して絶対と、唱えあげずも一心に、黙念すればおのずから、同じ功徳を受けらるる。

ただ一心に絶対を、念ずるうちに心中の、小我の声は静まりて、大我に帰して一となる。

ただ一心に絶対を、念ずるうちに真善美、三つの光が現われて、隈《くま》なく心を照らすなり。

唱えて念ずるその中に、絶対無限の勢力が、心の内より刺激して、大活動を起こすべし。

これより後は人生の、路を遮《さえぎ》る百難を、排して進むいと易く、大奮闘もできるなり。

そこにいわゆる犠牲的、大精神も湧き起こり、命を捨てて何ごとも、成し遂げらるるようになる。

仁義の道も忠孝の、おしえもここに至らねば、うわべばかりのものとなり、真の実行できがたし。

かくして国に尽くす人、ありたいものと思うなら、つねに絶対無限尊、唱えて念ずるようにせよ。

かかる理屈を離れたる、唱念法の立て方は、教外別伝西哲の、唱導せざるおしえなり。

（「哲学上における余の使命」、前掲『妖怪玄談』、二八五～二八六頁）

『奮闘哲学』は、円了最晩年の著作でありました。その書名は、円了が説く活動主義の標語、「活動はこれ天の理なり、勇進はこれ天の意なり、奮闘はこれ天の命なり」に由来するとともに、むしろ南無絶対無限尊の唱念の実践に湧き起こる境涯に由来していたと見てもさしつかえないことでしょう。「唱えて念ずるその中に、絶対無限の勢力が、心の内より刺激して、大活動を起こすべし。これより後は人生の、路を遮る百難を、排して進むいと易く、大奮闘もできるなり。そこにいわゆる犠牲的、大精神も湧き起こり、命を捨てて何ごとも、成し遂げらるるようになる」には、円了の宗教がいかに積極的なものであったかがしのばれます。

(5) 宗教から現実社会へ

以上において興味深いのは、円了がこの唱念の道を「教外別伝《きょうげべつでん》の哲学」と呼んでいることです。世界・存在やいのちの実相を言葉で伝えるのではない、その核心をじかに伝えるものだというのです。それを宗教といわず、哲学としているのは、既成の宗教（教理）を超えた哲学流の宗教のことをいいたいのでしょうし、一方、哲学も実は言葉の世界に盛り込めきれない真実に依拠したものであることを指摘したものでしょう。

そもそも教外別伝とは禅宗においてしばしばいわれるものであり、「不立文字《ふりゅうもんじ》、教外別伝《きょうげべつでん》、直指人心《じきしにんしん》、見性成仏《けんしょうじょうぶつ》」などと用いられる言葉です。禅宗は、釈尊の菩提樹下《ぼだいじゅげ》の覚りの内証を、釈尊以来、嫡嫡《ちゃくちゃく》相承したものだといいます。釈尊から次の摩訶迦葉《まかかしょう》へは、釈尊が花をつまみ上げると、摩訶迦葉がにっこりほほえんだことにおいて、「正法眼蔵涅槃妙心《しょうぼうげんぞうねはんみょうしん》」が伝わったのだというのです。この以心伝心の事は、「拈華微笑《ねんげみしょう》」の公案《こうあん》として、伝承されているわけです。禅宗では、以来、西天二十八祖を通じて祖師から祖師へと法が伝わり、菩提達磨《ぼだいだるま》まで伝わって、それがまた中国に伝えられ、六祖慧能《えのう》（六三八～七一三）等を通じて今日まで保任されているというのです。

もっとも教外ということに関して、仏教においてはたとえ教理を掲げたとしても、その法相《ほっそう》（世界観・人間観）とそれに基づく修道論の言葉は、その理解のもとに信心や修行に入るためのものなのであり、しかもその修行においては、言語・分別を離れて真理そのものを体得するに至ることになるものです。それは、教・行・証の道筋として語られています。また、たとえば天台本覚思想《てんだいほんがくしそう》においては、「四重興廃《しじゅうこうはい》」の思想があります。それは、爾前《にぜん》・迹門《しゃくもん》・本門《ほんもん》・観心《かんじん》の四段階で重層的に権《ごん》・実《じつ》（方便と真実）を見ていくもので、爾前は『法華経』以前の経典、迹門は『法華経』の前半、本門は『法華経』の後半、観心は最高の教理が明かす真理の観察とその体得のことです。仏道上もっとも勝れた地平は、本門の教理（言葉）すら超えて、今の自己の一念上に根本法華の内証の真実を見出していく観心の立場なのだというのです。それは教外別伝ではなく、かえって教内相伝の哲学というべきではあるかもしれませんが、真理を教外に見る立場に変わりはないでしょう。どの仏教も、最終的には教（言語）を超えて内証に至るのであり、そのような立場が円了の宗教観、哲学観に何らか反映していたといえるように思われます。

一方、別伝ということに関して、円了がこの南無絶対無限尊の唱念を先人の誰かに承けついだわけではなく、まさに自ら創始したものであるのですから、それは誰かから別に伝えられたという意ではなく、私が別に伝えるぞという意に受けとめるべきでしょう。円了が教外別伝の哲学を重視したことは、「哲学上における余の使命」を論じて、「一、哲学を通俗化すること、二、哲学を実行すること」をあげていることと関係していると思われます。円了は哲学を単なる理性上の探究にとどめず、その実践・実行こそをどこまでも重視したのでした。以下は、そのことを説くものであります。

次に第二の使命たる哲学を実行化することは、老後半生の事業にして明治三十九年退隠以後、これに取り掛かり、その中心は和田山哲学堂と定めている。西洋の哲学は理論一方に偏して実行方面を疎外せるありさまであるが、これ哲学の目ありて足なき不具者にして、イザリ哲学たるを免れぬ。しかるに余は哲学の極致は実行にありと信じ、向上門内に向下の一道を開達するをおのれの理想とし、哲学の定義を下して奮闘活動の学とし、これを実行上に実現せんことに、もっぱら工夫を凝らしている。しかしてこの点は西洋哲学の唱道せざるところなれば、余は教外別伝《きょうげべつでん》の哲学、西哲未発の新案と名づけておく。

（同前、二八三頁）

ここに、「教外別伝の哲学」のことが説かれています。ただ、この箇所では、哲学の知見に基づいてひたすら奮闘努力することしかいわれておらず、根源的な霊の本体との融合のことについてはふれられていません。その点、ここの「教外別伝の哲学」が宗教的救済を含意するものとはなっていません。ただ西洋哲学には見られない、「活動」「奮闘」の重要性を指摘するのみです。ただし、この文に続いて、法然上人の『一枚起請文』の改案が説かれていますので（本書、八六頁参照）、やはりどこかで宗教ともつながっているのでしょう。ちなみに、ここに出る和田山哲学堂とは、今日、中野区にある哲学堂公園のことで、そこも円了がヨーロッパ視察をふまえて造ったものです。

一方、円了にしてみれば、「南無絶対無限尊」のいずれの唱念法によってであれ大安心に至ったときは、「進んで国家社会のために献身的に奮闘活躍する」ことに出てくるともいっていました。宗教において絶対無限尊と一体化すれば、かえって現実社会の場にあって、それこそ無限に奮闘活動してやまなくなるはずというのです。

そのように、宗教と哲学とは、「教外別伝の哲学」において一つであると同時に、哲学上のみならず宗教上においても、あるいは宗教上であればこそ、現実世界における無限の奮闘活動にでてくることになるのです。このこともまた、円了の面目躍如たるところでありましょう。このことについて、蓮如《れんにょ》（一四一五〜一四九九）の『改悔文《がいけもん》』（西本願寺では『領解文《りょうげもん》』）の替え文に、次のように示されています。

もろもろの哲学上、瑣々《ささ》たる理屈を詮議するの心をふりすてて、一心に南無絶対無限尊、われらが人生において履み行なうべき一大事が、ことごとくこの七字のうちにこもれりと信じて唱え申すべく候。唱うる一念の時、心天の迷雲たちまち晴れ、安楽の光明たちどころに現ずるに至るは必定に候。そのことわりよく会得して、ひたすら唱念すること、教外別伝の哲学の極致にして、古往今来の西哲未知の妙趣と存じ、この上は世のため国のために身心を尽くして、一期を限り活動申すべく候。（同前、二八六〜二八七頁）

〔参考：もろもろの雑行雑修自力のこころをふりすてて、一心に阿弥陀如来、われらが今度の一大事の後生、御たすけ候へとたのみまうして候ふ。たのむ一念のとき、往生一定御たすけ治定と存じ、このうへの称名は、御恩報謝と存じよろこびまうし候ふ。この御ことわり聴聞申しわけ候ふこと、御開山聖人御出世の御恩、次第相承の善知識のあさからざる御勧化の御恩と、ありがたく存じ候ふ。このうへは定めおかせらるる御掟、一期をかぎりまもりまうすべく候ふ。

（『改悔文』）〕

前に円了による『御文』の白骨の箇所の替え文で「己の力のあらん限りを尽くし奮闘すべきものなり」とあったのを見ましたが（本書、八五頁参照）、円了はそれに対しこの「哲学上における余の使命」においては、「これやはり教外別伝の哲学の主義である」と述べています（同前、二八四頁）。そしてここにも南無絶対無限尊の唱念を「教化別伝の哲学の極致」であると述べています。円了のいう「教外別伝の哲学」とは、活動主義に基づく勇進・奮闘の実践にあり、しかもそれは宗教の信仰ないし自覚に基づく無限の活動のことなのでした。

(6) まとめ

このように円了は、西洋哲学を深く学んでその精髄を把握したのみならず、宗教の世界の重要性をどこまでも重んじ、かつ絶対無限の霊の本体と自己を融合させる道を創始するのでした。そればかりか、円了の自得した立場は、西洋哲学の限界を超えて現実世界における奮闘活動へ出てくるものだとしており、その独創的な主張の深さと行動の実際とは瞠目《どうもく》に値するといってよいでしょう。

もともと円了は仏教をうさんくさいものと思い、新しい宗教を樹立するつもりだったのでした。しかし哲学と同等の真理が仏教にもあったと再発見してからは、その仏教を新しい形に組み替えて行く方針を採るのです。前に見たように、「しかして余が幼時その門にありて真理のその教中に存するを知らざりしは、当時余が学識に乏しくしてこれを発見するの力なきによる。これにおいて余は始めて新たに一宗教を起こすの宿志を断ちて、仏教を改良してこれを開明世界の宗教となさんことを決定するに至る。これ実に明治十八年のことなり。これを余が仏教改良の紀年とす」(『仏教活論序論』、『選集』第三巻、三三七頁)とあったとおりです。明治一八年(一八八五)は実に東京大学卒業の年であり、すでにこの頃に仏教改良の方針を固めたのです。それが最終的に、むしろ仏教にもとらわれない、南無絶対無限尊の唱念の宗教に帰着したのでした。

この円了の哲学流の宗教が、南無絶対無限尊の唱念という形を取ったことを思うとき、やはり生家の真宗の影響をやはり否定することはできないでしょう。実際、円了は自分の心の根底は真宗であることを告白している一文もあるのです。次のようです。

　終わりに余の信仰について一言しておきたい。その信仰を自白すれば、表面には哲学宗を信じ、裏面には真宗を信ずるものである。人あるいは信仰に二途あるべからずというであろうも、余は信仰そのものにも表裏両面があると思う。すでに我心に知情両面あるがごとく、信仰にもやはりこの両面ができるようになる。これと同時にその体は一つであるから、哲学宗の立て方を裏面より眺むれば、たちまち真宗となりて現れてくる。もとより真宗に限るというわけではない。一つの哲学宗が裏面の眺め方によりて、禅宗ともなれば浄土宗ともなり、真宗ともなれば日蓮宗ともなる。そのなか余は生来の因縁により、幼時に信仰の根底を真宗の地盤に植えつけてあるから、我心眼の前には真宗となって現るるのである。かかる次第なれば禅宗の人は必ず禅宗として眺むるであろう。浄土宗や日蓮宗の人はみなおのおの眺め方が違うであろうと思う。

(同前、二八七〜二八八頁)

　おそらく円了としては、厭世主義の仏教を拒絶し、現世主義の日蓮宗を高く評価していたことから、基本的には真宗を根底としていたとしても、むしろ真宗と日蓮宗とを統合するような仏教を考えたかったことでしょう。根本的に、無量寿・無量光の阿弥陀仏と、慧光無量《えこうむりょう》という久遠実成《くおんじつじょう》の釈迦牟尼仏《しゃかむにぶつ》とを、同じと見ることは可能です。密教の大日如来《だいにちにょらい》もまた、同様でしょう。その存在を、絶対無限尊と呼べば、どの宗派の人にとっても、受けいれ可能な存在となり、南無絶対無限尊の唱念は、万人にとっての普遍的な宗教ともなる、それが円了自身の仏教であり、宗教だったのです。この唱念の力強い境地は、浄土教の念仏よりは、法華の唱題に近いものさえあるのかもしれません。また、信心為本《しんじんいほん》の立場をあらためて突き破る趣きさえあるものでありました。円了のこのような、西洋哲学までも視野に入れての、仏教ないし宗教の革新的な創造は深い意味を持つものでありますが、そのあまりにも独創的な主張は、結局はひろがりを持たなかったといわざるをえないかと思います。しかし円了のこの哲学流宗教の意義は、科学の大幅な発展と仏教思想界の沈滞とを招いている今日においてこそ、深く顧みられるべきものがあると思わずにはいられません。

第六章　井上円了の妖怪学

(1) はじめに

井上円了が、お化け博士とか幽霊問屋とかいわれたことは有名です。それは、円了が妖怪学という学問体系を樹立し、あらゆる不思議現象を収集しかつ解明、究明したことによります。今日、妖怪ブームの現象もみられますが、これは科学・技術に基づく現代文明が進展すればするほど、神秘的なもの、オカルティックなものへの関心も呼び覚まされるからのようです。人間はその精神に合理と非合理の双方をかかえていて、バランスを取らずにはいられないのでしょう。近年、その関係で、円了の妖怪学への関心も高まっているように思われます。円了はとにかくあらゆる不思議現象を蒐集《しゅうしゅう》し、学問的に分類し、その実態について究明しました。その綿密な報告と分析には、実に興味尽きないものがあります。

実はこの円了の妖怪学はきわめて深い学問であり、なかなかの味わいのある学問となっています。けっして単にオカルティックな興味を展開しただけではなく、かといって合理的な観点からその正体を解明しただけで終わるものでもありません。円了にとっては、妖怪とはただ幽霊や魔物といったものだけでなく、あらゆる不思議現象、あらゆる神秘現象のすべてを指すものなのですが、そうした中で、真の神秘とは何か、究極の不思議とは何かを究明するものともなっているものなのです。それゆえ、哲学的、宗教学的にきわめて深遠な思想を汲み出したものともなっているのです。

以下、本章では、大変興味深い井上円了の妖怪学について、その大要を見ておきましょう。

(2) 妖怪学への道

井上円了は、東京大学を卒業する前年、明治一七年（一八八四）夏期に妖怪研究に着手したと伝えられています。心理学の講義等から、イギリスの「心霊研究会」（サイカル・サイエンス）の活動を知り、深く興味を抱いたのがきっかけのようです。もっとも、円了の育った越後地方は雪国で、『北越雪譜《ほくえつせっぷ》』、『北越奇談《ほくえつきだん》』等に見られるように妖怪等がけっこう跳梁する文化もあり、それらを幼児以来体験してきたことの影響も多分にあったかと思われます。その後、東京大学に対し妖怪学研究は重要であるのでその講究所を設置されたいと建議するとともに、明治一八年（一八八五）、同志を募って不思議研究会を大学内に設けるのでした。この第一回会合は、明治一九年（一八八六）一月二四日に、東京大学の講義室にて開催されています。当初の会員は、円了のほか、「三宅雄二郎、田中館愛橘、箕作元八、吉武栄之進、坪井次郎、坪井正五郎、澤井廉、福家梅太郎、棚橋一郎」でした。この中、箕作《みつくり》元八《げんぱち》（一八六二〜一九一九）は西洋史学が専門で、明治一八年に「奇怪不思議の研究」という論文を書き、そこにイギリスの心理研究会（サイキカルソサエティ）の不思議研究を紹介し、日本でのこの研究の必要性を述べています。不思議研究会の第一回が開催された後、会員は増加する傾向にあったのですが、世話役の円了が当時、病気にかかり、療養を余儀なくされ、結局、第四回以降は休会となるほかなかったのでした。

病から快復した円了は明治二〇年（一八八七）、私立哲学館を開設、カリキュラムの中に、応用心理学からの発展として妖怪学の講義を設けました。その講義を担当しつつ、妖怪学という学問を確立していったのです。

円了がなぜ妖怪学を研究するにいたったのか、その動機の一端は、下記に見ることができます。

……余、常におもえらく、わが国明治の鴻業《こうぎょう》、一半すでに成りて一半いまだ成らず、政治上の革新すでに去りて、道徳上の革新いまだきたらずと。方今、天下法律いよいよ密にして道徳日に衰え、郷曲無頼の徒、名を壮士にかり、もって良民を虐するものあり。不学無術ほしいままに時事を議し、詭譎《きけつ》陰険至らざるなく、居然政事家をもって任ずるものあり。黄口少年、乳臭いまだ乾かず、わずかに数巻の西籍を読み、生呑活剝《せいどんかっぱく》、儼然《げんぜん》学者をもっておるものあり、利をむさぼりてあくなきものあり。節義の風、廉恥の俗、蕩然《とうぜん》地をはらう。これ、あに一大革新なくして可ならんや。しかして、これを革新するの道、教育、宗教をおいて、はたいずれにか求めん。これ、余が生を宗教界にうけながら身を教育界に投じ、日夜孜々《しし》として国恩の万一に報ぜんとするゆえんなり。しかるに、世人の教育、宗教をまつゆえんのもの、余うらみなきあたわず。けだし心中の迷雲、知日の光を隠すによらずんばあらず。余、近年日本全国を周遊して、ますますこのことに感ずるあり。おもうに、世に妖怪多しといえども、要するに一片の迷心にほかならず。その迷心を去れば、道徳革新の功、またおのずから期すべし。これ、余がさきに哲学館を設け、もって教育家、宗教家を養成し、今また『妖怪学講義』を発行し、有志諸君とともに講究せんと欲するゆえんなり。その種目は、もとより本館教授するところの学科による。……
（「初版『妖怪学講義』第一冊に題せしもの」から。『選集』第一六巻、一六〜一七頁）

これによりますと、明治になって、世道人心の乱れが顕在化し、道徳がすたれ、「節義の風、廉恥の俗、蕩然地をはらう」様となってしまった。しかし心を迷わす妖怪の無実なることを明かしてその迷心を去ることができれば、道徳革新の実現をもたらすに違いないということのようです。

あるいは、次のようにも主張しています。

……今やわが国、海に輸船あり、陸に鉄路あり。電信、電灯、全国に普及し、これを数十年の往時に比するに、全く別世界を開くを覚ゆ。国民のこれによりて得るところの便益、実に夥多《かた》なりというべし。ただうらむらくは、諸学の応用いまだ尽くさざるところありて、愚民なお依然として迷裏に彷徨《ほうこう》し、苦中に呻吟《しんぎん》する者多きを。これ余がかつて、今日の文明は有形上器械的の進歩にして、無形上精神的の発達にあらずというゆえんなり。もし、この愚民の心地に諸学の鉄路を架し、知識の電灯を点ずるに至らば、はじめて明治の偉業全く成功すというべし。しかして、この目的を達するは、実に諸学の応用、なかんずく妖怪学の講究なり。国民もし、果たしてこれによりて心内に光明の新天地を開くに至らば、その功すこしも外界における鉄路、電信の架設に譲らずというも、あに過言ならんや。妖怪学の研究ならびにその説明の必要なること、すでにかくのごとし。世間必ず、余が積年の苦心の決して徒労にあらざりしを知るべし。

(『妖怪学講義』「緒言」、『選集』第一六巻、一九～二〇頁)

このように、妖怪学は、迷信や怪奇現象を解明して、「迷裏に彷徨し、苦中に呻吟する者」を救出することを第一の目的としていたといえるでしょう。

と同時に、次のようにもあります。

……宇宙間の諸現象を分かちて客観、主観、すなわち物心両界にするのが古来のきまりである。しかして、物界には物の規則あり、心界には心の規則あって、物の規則は物的科学によって精密に立証せられ、心の規則は心的科学によって詳細に論明せられ、また、その両界の関係は哲学によってこれまた明示せられておる。これらの諸説に照らせば、世間にて伝うる千妖百怪はことごとく氷釈瓦解《がかい》して、青天白日となる。しかるに、さらに一歩を進め、その物自体はなにか、その心自体はなにかというに至っては、物的科学も心的科学も筆を投じ口を緘《かん》し、造化の妙、谷神の玄と冥想《めいそう》するのみである。これこそ真正の真怪にして、真の不可思議というものだ。

（『真怪』、『選集』第二〇巻、五〇七頁）

ここにもやはり、さまざまな妖怪現象を科学的に解明することにより、その実体が判明し、不安や恐怖を去ることができるという意図が表明されています。実際問題として、円了の妖怪学は、当時の無知にとどまっていた民衆の不安や恐怖心をかなりの程度、取り除く効果を発揮したのです。

円了は哲学館大学を辞したあと、社会教育活動に挺身して、精力的に全国を巡講しましたが、そこでも妖怪学の話は非常に人気がありました。円了は明治三九年から大正七年まで、全国各地で都合、五〇〇〇回以上の講演を行っていますが、そのうち、妖怪学のテーマで講演を行った割合は明治四二年から大正七年の間に二三・六パーセントで、九〇〇回以上、このことを国民に語りかけていたことになります。その中、大正五年（一九一六）八月一一日、山形県酒田市で行った講演会では、一回目が「精神修養」、二回目が「妖怪談」で、聴衆は三〇〇名を越えるほどでした。このとき、円了の「妖怪談」を聞いた小学五年生の感想が、以下のように伝えられています。

私は小学五年生、円了先生のお話はめずらしかった。親たちが迷信深く、夕方さびしかった。暗くなるとこわかった。狐火、鬼火、人魂の話など、円了先生は絶対おっかないものでないと説かれた。それから大人たちのお茶飲み話でも、迷信らしいものがでると円了先生のお話になった。私は子供心に気持ちが明るくなった。

（『井上円了の教育理念』、一五八頁）

円了の妖怪学研究が、いかに当時の国民の不安や心配を解消していくに大きな功績があったかがわかります。ただし前の引用中、「しかるに、さらに一歩を進め、その物自体はなにか、その心自体はなにか……」とあったことも、忘れることはできません。後に見るように、真正の真怪の解明こそが妖怪学の究極の目標なのです。ともあれこうした円了の妖怪学は、当時、高く評価されたようです。明治三〇年（一八九七）二月には、時の文部大臣から、「目下民間においてなお迷信流行し、往々普通教育の進歩の障害する点もあ」る中で、学術的にもしっかりした研究の公刊は「迷信の旧習を減退する一助となる」であろうとその意義を認められています。また、この年の二月二二日には、宮内大臣から『妖怪学講義』が明治天皇に奉呈され、天皇はこれを愛読したとのことです。

（3）妖怪とは何か

では、円了にとって、妖怪とはどのようなものであったのでしょうか。そのことについて、円了の「妖怪学と心理学の関係」（『甫水論集』）によれば、比較的簡潔な次のような説明があります。

> まず妖怪とは、普通一般の解釈によるときは、平常見聞せざる特殊奇異の現象に接せしときに与うる名称にして、すなわち事物の異常変態に与うる名称なり。しかれども、単に異常変態のみをもって妖怪の定義となすべからず。なんとなれば、いかなる異常変態のものなりとも、もしその道理にして一般の人知に考えて、明らかに毫も怪しむべきところあるを見ざるときは、これを名づけて妖怪となさず。いわゆる妖怪とは、必ず異常変態にして、かつその道理の明らかならず、その原因事情の知るべからざるところあるものに与うる名称なればなり。
>
> （『選集』第二五巻、八一頁）

これをさらに説明して、たとえば日蝕月蝕は、異常変態であっても、今日ではその原因が知られているから、誰も妖怪とはいわないことなどをあげ、したがって、「妖怪とは異常変態に加えて、不可知的あるいは不可思議の意味を一部分有することを知るべし」と説いています（同前、八一〜八二頁）。また、宇宙の本体、神仏の本体、無限の時間、無限空間等、全然不可知なるものも妖怪とはいわれないとし、結局、「この故に、妖怪とは異常変態にして、多少不可思議の意義を有するものをいうなり」（同前、八二頁）とするのです。

こうした妖怪に関する学問的究明を進めるにあたって、円了はその材料を集めるため、雑誌等に広告を出して、遭遇した不思議現象の報告を求めたりしました。すでに明治一九年（一八八六）の七月には、『令知会雑誌』に、次のような広告文を出すのでした。

世に妖怪不思議と称するもの多し。通俗、これを神または魔のいたすところとなす。その果たしてしかるやいなやは断定し難しといえども、神や魔のごときは、その有無すら今日いまだ知るべからざるに、単にこれをその所為に帰して、さらに妖怪のなんたるを問わざるは、決して学者のつとむるところにあらざるなり。ゆえに、余は日課の余間そのなんたるを研究して、果たして魔神のなすところなるか、または物理および心理上別に考うべき道理ありてしかるかを明らかにせんと欲す。もし、心理上考うべき原因ありてしかるときは、これを仏教の唯心説に参照して、自ら大いに得るところあるのみならず、その唯識所変の哲理を証立するに、また大いに益あるはもちろんなり。ゆえに、余は令知会諸君に対して、左の諸項中最も信ずべき事実あらば、なるべく詳細報道にあずからんことを望む。

幽霊　狐狸　奇夢　再生　偶合　予言　諸怪物　諸幻術　諸精神病等

（三浦節夫「解説——井上円了と妖怪学の誕生」、『選集』第二一巻、四七七頁）

このような報告依頼は、『哲学会雑誌』、『通信教授　心理学』、『哲学館講義録』でも行われました。そこで得られた報告の数は、四六二件に及んだといいます。

また、円了は明治二三年（一八九〇）から、哲学館の経営維持のため、全国巡講を行っていますが、その際に見聞して集めたものも多くありました。もっともこれらのうち、確かなものは一〇分の一程度だったようです（『妖怪学講義』初版序文参照）。さらに、古今の和漢等の書物に妖怪すなわち不思議現象の記述を探索して多くの事例を収集しています。調べた書物は五〇〇部にのぼるとのことです。その書名は『妖怪学講義』「緒言」に列挙されています（『選集』第一六巻、三三～四〇頁）。さらにそれら以外の書名も拾遺として多く挙げられており（同前、四五～五〇頁）、前と合わせると七二〇部ほどになります。このように文献調査も徹底して行っているところに、円了の妖怪学の特質と深みとがあると思います。

三浦節夫『日本人はなぜ妖怪を畏れるのか——井上円了の「妖怪学講義」』（新人物往来社、

二〇一一年）によると、山内瑛一「妖怪学参考図書解題」（『井上円了選集』第二一巻）をふまえて、「参考および引用した文献に直接・間接のものがあり、それらに、明治期の雑誌・新聞などを加えると、その数は一六四〇あまりに達する。その内容は、日本、中国、インド（仏典）が主で、時代は古代から江戸時代までを範囲とし、有職故実・故事来歴・語源を調べ、天文・地誌・医学を含めた天・地・人・物・事に関すること（吉兆禍福や善悪にはじまり、神仙・卜筮・夢・鬼・霊魂・草木・昆虫）に及んでいる。そして、一般に伝わる風俗、巷談、教訓、人物評伝、紀行文、教訓、名言、秘術、怪異小説、怪談、異聞、奇聞、変化、民話、説話、俗話、雑話、伝奇小説、奇談、奇事、珍説、佳話、などと幅広く考証している。思想としては儒教、道教、仏教、神道、修験道を対象としている」とあります。いかに円了が膨大な資料を集め分析していたかが知られます。

一方、いわば直接立ち会う等、実験して研究したものに、コックリさん、催眠術、魔犬、白《びゃっ》狐《こ》等、大小およそ数十件ありました。

円了が収集した妖怪は、主に東洋に伝わるものであり、西洋の現象についてはわずかしか扱っていません。これは、円了の妖怪学研究の目的が、我が国の妖怪について説明することにあったからでした。なお、円了の研究によれば、我が国に伝わる妖怪には、真に日本固有といえるものは、さほど多くないとのことです。円了は、当時、我が国に伝わる妖怪ないし不思議現象の中、七割は中国からの伝来、二割がインドからの伝来、一割が日本固有と推定しました。

そうした研究が妖怪学の学問となり、哲学館で重ねて講義されていったわけです。

（4）円了「妖怪学」の全容

こうして、円了が妖怪として扱った現象は、きわめて多岐にわたっていることは、すでに今までの記述においてもよく知られたことと思われますが、今あらためて、円了の妖怪学の全貌をざっと一覧してみたいと思います。『井上円了選集』においては、第一六巻から第二一巻までの六冊において円了の妖怪学関係の著述を収めていますので以下、その概要を見ていくことにしましょう。

まず、その各巻の収録著作を掲げてみます。

第一六巻（七〇九頁）：『妖怪学講義』「緒言　総論」、『妖怪学講義』「理学部門　医学部門」

第一七巻（六八七頁）：『妖怪学講義』「純正哲学部門」、『妖怪学講義』「心理学部門」

第一八巻（六六六頁）：『妖怪学講義』「宗教学部門」、『妖怪学講義』「教育学部門」「雑部門」

第一九巻（六七七頁）：『妖怪玄談』、通俗絵入『妖怪百談』、通俗絵入『続妖怪百談』、通俗講義『霊魂不滅論』、『哲学うらない』、『改良新案の夢』、『天狗論』、『迷信解』

第二〇巻（五〇九頁）：『おばけの正体』、『迷信と宗教』、『真怪』

第二一巻（四四八頁）：『妖怪学』、『妖怪学講義録』、『妖怪学雑誌』、「妖怪学関係論文等」（なお、この巻には、山内瑛一編「妖怪学参考図書解題」があり、上下二段で四九七〜六六八頁にわたる、膨大な関係図書の基本情報が収載されている。また、詳細な井上円了の「妖怪学著書論文目録」もおさめられている（六七一〜六八八頁））

各巻、平均およそ六〇〇頁ほどですから、いかに大部な研究を円了がなしとげたかが知られます。ちなみに、円了の妖怪研究の成果が『妖怪学講義』として刊行されたのは、明治二六年（一八九三）のことでした。したがって、円了はけっこう若い時代に精力的に妖怪学研究を確立していたことになります。それは、明治二六年一一月から明治二七年一〇月まで、二四冊（四八号）によって刊行されたものですが、明治二九年（一八九六）には単行本の『妖怪学講義』六冊として再度、刊行されています。

次に、それらの内容をごくかいつまんで紹介してみます。

『妖怪学講義』の総論では、妖怪学の全体系を視野に、妖怪の定義、妖怪学の学際研究的性格、妖怪学と他分野との関係、妖怪の種類（物理的、心理的、哲学的等）、妖怪学の歴史、妖怪現象の原因、妖怪の説明（感覚的、意識的、その他）、異常的心理の説明等を説いています。

『妖怪学講義』の理学部門では、天変・地異の諸現象、奇草、異木、妖鳥、怪獣、異人、鬼火、竜灯、蜃気楼、竜宮の類について論じています。

また、同医学部門では、人体異状、癲癇《てんかん》、ヒステリー、諸狂、仙術、妙薬、食い合わせ、マジナイ療法の類、について論じています。

同純正哲学部門では、前兆、予言、暗合、陰陽、五行、天気予知法、易筮、御籤、淘宮、天元、九星、幹技術、人相、家相、方位、墨色、厄年、有卦無卦、縁起の類、について論じています。

同心理学部門では、幻覚、妄想、夢、奇夢、狐憑き、犬神、天狗、動物電気、コックリ、催眠術、察心術、降神術、巫覡の類、について論じています。

同宗教学部門では、幽霊、生霊、死霊、人魂、鬼神、悪魔、前生、死後、六道、再生、天堂、地獄、祟り、厄払い、祈祷、守り札、呪詛、修法、霊験、応報、託宣、感通の類、について論じています。

同教育学部門では、遺伝、胎教、白痴、神童、記憶術の類、について論じています。

同雑部門では、妖怪宅地、怪事、怪物、火渡り、魔法、幻術の類、について論じています。

（『妖怪学講義』「緒言」、『選集』第一六巻、二七～二八頁）

このように、円了は妖怪学の学問体系を構築するにあたり、物理学・心理学・医学・哲学・宗教学・教育学・その他を含む、今日でいう学際的研究、それも二、三のみの分野の協働でない、いわば超学際的研究を果たしています。円了の妖怪学の構想は、いかに遠大で充実したものであるかが如実に知られます。

さらに、『妖怪玄談』では、コックリのことについて種々、論じられています。

通俗絵入『妖怪百談』と通俗絵入『続妖怪百談』には、とにかくたくさんの事例が紹介されており、その事項のみ、あとでまとめて紹介したいと思います。

通俗講義『霊魂不滅論』では、死後の霊魂不滅論に関して、種々論じています。付録に、霊魂不滅に関する神道・儒道・仏教の諸説を集めています。

『哲学うらない』は、卜筮の新方法を打ち出したもの、『改良新案の夢』は身のまわりの生活用具等に関し、改良案を提示したもの、『天狗論』は、天狗の起源・本体・作用等について論じたもの、『迷信解』は十余の迷信のことについて論じたものです。

『おばけの正体』は、火の玉、化け物、幽霊等々の種々に事例について論じたものです。『迷信と宗教』は文字通り、全国各地の迷信とその原因や利害、宗教の真相について論じています。付録として霊魂論も付されています。『真怪』は、およそ一〇〇におよぶさまざまな不思議現象の真実を明かそうとするもので、いわゆる仮怪に対する真怪を正面から論じたものではありません。

『妖怪学』は狐狗狸のことや、妖怪を招く法、心理療法等々について論じています。『妖怪学講義録』は、妖怪学の概要と、心理学部門中の妖怪の一類として、夢、幽霊、催眠術、等々について論じています。『妖怪学雑誌』は、妖怪研究会の報告等を載せた、一号から二六号までの内容が収録されたものです。「妖怪学関係論文等」は、円了の妖怪学に関わる論文レベルの基礎資料をまとめたものです。

さて、以下にはもう少し具体的な事例を見ていくことにしましょう。まず初めに円了が不思議現象として扱った事項のみ紹介してみます。その一例として、通俗絵入『妖怪百談』、通俗絵入『続妖怪百談』において扱われた事例の項目を、ここにすべてあげてみましょう。このことによって、円了の研究対象がいかに広範なものかがうかがえると思います。

通俗絵入『妖怪百談』

天狗の奇話／西方塞がり／英雄の方便／疑心暗鬼を生ず／山間の呼び声／死体の衄血／炉中の菌怪／御札、天より降る／本来東西なし／五行の妄説／夜、鬼物あり／幽霊の幻覚／日月の変光／婚礼および正月の縁起／雪は豊年の瑞／時日に吉凶なし／盗難よけの御札と賽銭箱の鍵／

民間の狐狸談、信憑し難し／神なお人間に使用せらる／投石の怪／精神作用の影響／人相見につきての疑念／鬼門の方角違い／読経の功徳／妖、人によりて興る／精神と病勢との関係／火渡りの効験／利己的偽怪／稲荷下ろしの拘引／陰陽師身の上知らず／眉毛に唾を塗ること／獺の妖／白狐、蚕児を盗む／髪切虫の怪／死体の強直／幽霊の誤覚／余の実験せし妖怪／哲学館の火災／鬼門の妄説／祥瑞は信ずるに足らず／夜中、大怪物を捕らう／回向院の幽霊／臆病は妖怪の種因／コックリ（狐狗狸）の名義／御伺いの石／八幡知らず／老樹の怒鳴／日本中、犬神最も多き場所／老僕自ら狐惑を招く／易占を懸念して自殺を図る／天変は人事に関係なし／偶合はあえて奇怪とするに足らず／恐情と酔眼より生じたる誤怪／地蔵尊の変位／不動金縛り／二十六夜／わが国のブロッケン山／欠伸の説明／死体に毛髪長生すること／神仏の霊験／地獄の画／人為誤りて神異と認めらる／山伏の偽怪／盲筮の的中／暦書の妄誕／政略的偽怪／鬼髪束針の怪／下谷の怪談／妖怪の組み打ち／幽霊は見るべからず／雷、臍を取るということ／為朝、竜宮にいたる説／筑波山の天狗／狸の腹鼓／怪火の原因／火柱の話／雨ごい／呪文の効験／人凶なり、宅凶なるにあらず／鬼門の吉凶／迷信のために数百金を失う／筮者の遁辞／射利的偽怪／衣類の切断／誤怪の一話／犬、鴉の前知／七不思議／カマイタチの怪／幻々居士の霊符／武士、瓢箪をきる／呪術は今日の催眠術／人相術の批評／月の大小／精神作用の影響／夢は多く感覚より起こる／惑病同源論／仏教は吉日良辰を選ばず／卜筮は聖人の制作にあらず

／蒲生翁の妖怪／天地万物悉皆妖怪。

通俗絵入『続妖怪百談』

霊夢の感応／夢の統計／占夢の力／海鰮の頭も信心から／幽霊をきる／心の鬼、自ら心を悩ます／疑心病を生ず／陰陽家は鬼のために嫉まる／家造心得／方角、生剋の弁／九星の迷信／厄年のこと／シナの捨て子／運と非運／帽子、山中に入りて見せ物となる／天狗祭り／不知火／狐の玉／生き上人の木像／神仏を偽りて私欲をたくましくす／ヤソ教師の偽怪／杯中の蛇／生霊、死霊の祟／奸物、豪商を欺く／幽霊の間違い／鹿の妖怪／病は気より起こる／淫祀の弊／迷信家の皮相論／「くさめ」の説／横浜の人魂騒ぎ／神田明神下の化け物沙汰／七十五日ということ／利休の碑／蓑火／河童の怪／殺生石／魔鏡／わが国妖怪の親玉／天狗の文字／隠形術／讖言の怪／竈神の由来／金神七殺／日本の地形／盗人の神頼み／新井白蛾の狐狸論／剣相の説／日取り、方角と戦争との関係／馬琴の吉凶説／卜筮は臨機応変／十二支と十二獣との配当の出拠／五行生剋は付会牽合の説／人狐弁惑談／竹の子笠、怪をなす／彗星と兵乱との関係／家相の吉凶は問うに及ばず／口寄せのこと／妖は徳に勝たず／和漢の妖怪／古来学者の鬼門論／人の相生／糸引きの名号／まじないの話／霊怪、容易に信ずべからず／英雄なお迷信を免れず／焼傷の御札／一輪車の怪／霊験は信仰より生ず／浦島太郎／英雄はみな人相家なり／山神の霊験／食忌み／幻視、妄覚を医する法／僧、生き物を踏み殺す／一心の通徹／幻視、妄覚の例／念力岩を通す／天竺の刑法／夢と体覚との関係／偽夢／夢中の詩作／夢は見ざるものを見ず／狐誑／神筮の所為／丙午の女は男を殺す／人相論ずるに足らず／河内の姥が火／釜鳴りの怪／自ら怪を作る／幽霊の写真／不成就日／浅虫の怪談／禽獣なお道を知る／堂塔、伽藍を車のごとく回す術／物を知り当てる術／具俗を惑わす道具／天地万物悉皆妖怪の説／春花秋月みな不思議／諸家の批評。

以上、この二冊だけでも、円了がいかに多種多彩な不思議現象を扱い、解明していったかが理解されたことでしょう。円了が「幽霊の問屋」といわれたのもうなずけることです。まさに幽霊・妖怪・迷信等のありとあらゆる現象を徹底的に研究しつくした妖怪博士です。

迷信の実態

（5）妖怪現象の実例とその内実

次に、以下には、これらの中、ほんのわずかではありますが、その具体的な内容を取り上げて見ていきたいと思います。

円了は、世にいわれる不思議な現象はほとんどが無実であることを暴いていったわけですが、その中には、笑ってしまうものもずいぶんあります。たとえば、迷信の実例では、次のようなものをあげています。

播州の人丸神社にては、昔より火除の御札と安産の御札を出すので、これに参詣するものは、火災を防がんことと安産を得んことを祈願することを聞いている。人丸は歌聖と称せられ、歌の名人なれば歌が上手にできるようにと願掛けするが当然なるに、何故に全く方角違いの火よけや安産を祈るかと尋ねるに、人丸を仮名文字にて書かばヒトマルとなる、ヒトマルは火止まるである。またヒトウマルとも通ずるから、安産にも効能があるということより起こったそうだ。果してしからば、これも一場の滑稽に過ぎぬ。

（『奮闘哲学』、『選集』第二巻、三七七頁）

ある人が痔に悩まされ、いろいろの治療を施したるも、はかばかしく医治せぬ。よって最後にまじないをする人を尋ねて聞きたれば、まじない師曰く、痔をなおすくらい心やすいことはない。わずかに二、三銭を費やせばよいとて、その方法を授けた。いかなる方法かというに、飴を二、三銭買って、これを竹の筒に入れ、毎日振っておればなおるということだ。そのわけを聞けば、雨降りて地固まるという意味だそうだ。まじないの内幕はたいていこのようなものであろうと思う。

(同前)

このように、迷信は単なるだじゃれにすぎないものが多く、けっして頼りにならないものであることを一つ一つ解明しています。円了は、こういうことを一方でまじめに研究していたわけですが、どこかそこにとぼけたような、おかしみがうかがえます。円了自身、なかなかユーモアに富んだ方だったようです。

一方、迷信と宗教の違いについて、円了は『奮闘哲学』の中にまとめて説いていますが、その趣旨の一端は以下のようです。

……まず現世宗の方では、人生の吉凶禍福は仏の力を頼めば、己の望む通りになるように説き、病気にかかれるものもきたれ、災難をいとうものもきたれ、長寿を欲するものもきたれ、安産を望むものも豊作を祈るものも、商売繁盛を願うものも、景気回復を求むるものも、みなきたれという有様で、仏に祈願すれば、なんでも成就せぬものはないと広告している。神道の方もまたしかりと申してよい。これは迷信の大なるものだ。つぎに未来宗の方では、病気災難を免れんために、仏を信ぜよと説かぬ点はよけれども、この世は百事意のごとくならず、苦のみありて楽なきものとあきらめよ。その日その日をよい加減に送りさえすれば足れり、かれこれ人と競争するに及ばず、奮闘するにも及ばす、ただ未来地獄へ落ちて、永世の苦を受けぬようにしなければならぬ。それには仏を信じて極楽へ連れてもらうようにするがよい。仏は大慈大悲の力をもって一切の煩悩悪業を引き受けて下さるから、心配するには及ばぬ。すでに悪人正機とあるからは、罪を造っても苦にするに及ばぬ。ただ一心に仏を頼めば、決定して極楽参りができるというふうに吹聴している。これも未来宗の本意ではなかろう。

(同前、三八六〜三八七頁)

要は、仏に頼めば何とかなるというのは、迷信以外の何物でもないというのです。ここまでいわゆる現世利益的なものを求める立場をはっきりと迷信と切り捨てていることは、むしろいかに円了の宗教というものに対する眼が澄んでいたかを物語っています。

また、神道や仏教が、徴兵を逃れることや宝くじにあたることとの祈祷を引き受けていることも、宗教の軌道をはずれており、神仏を欺く行為であると非難しています。人間の本務を尽くさずしていたずらに祈願することはあるべきでなく、人事を尽くしてのち神仏の加護を頼むべきであり、また神仏は天の誠、宇宙の誠心であるので、祈願するにも己を忘れ、われを離れて誠心誠意祈願すれば、その誠は神仏の誠に相通じるのだとしています。自己に執着してただ福利を得たいという利欲心をもって祈祷するのは、迷信的です。自己が病気で百方手を尽くして快癒を得ない場合に、神仏に祈願するとしても、「至誠を捧げ、平素の非を悔い、善心に復し、小我を没却して大我に同化するだけの精神を起こす」なら正信的であり、そのときはなるべく「己の病を忘れ、たとえ我は死すとも一点の遺恨なし。ただ国家社会のために冥護を垂れんことを祈る」べきであるといっています（同前、三九〇頁）。

ここに正信と対比的に説かれた迷信は、非合理的なものというよりは、あまりにも都合のよい利己的願望のことといえましょう。このことを簡潔にまとめたものが、円了の次の歌です。それは、菅原道真（八四五〜九〇三）の作という有名な歌「心だに誠の道にかないなば、祈らずとても神やまもらん」の替え歌ともいうべきものです。

心だに誠の道にかなわずば、祈ったとても神はまもらず
祈りてもしるしなきこそしるしなれ、いのる心に誠なければ

（同前、三八八頁）

次に、円了の有名ないわゆる「こっくり様」（狐狗狸様）の研究をごく簡単に紹介します。実は、明治一〇年代後半から、日本でこのこっくり様が大流行し、その結果、数々の社会問題が起きていました。こっくり様、お移り下されというと、何か妖怪の霊が乗り移って予言をしたりするものです。円了は、こっくり様は日本古来のものではなく、西洋のテーブル・ターニングに由来するものであり、伊豆・下田に来た外国人の船員がそのようなことをしていたのが、やがて全国に広まったことをつきとめています。

コックリ（『妖怪学講義』心理学部門、『全集』第17巻、547頁、東洋大学井上円了記念センター蔵）

もう少し詳しくこっくり様のことを述べると、「三本の竹を結んで脚とし、その上にふたをかぶせて、そのふたに数人が手を軽く置いて、占いたいことをとなえ、「こっくり」と傾いた回数や大きさや方向によって結果を判断する占い」です。円了は実際に何回もこの実験を繰り返しました。実証性を担保するために、性別・年齢・性格等に配慮して組み合わせを変えつつ、繰り返し、実験したのです。その結果、円了は、「「こっくり」は霊によるものではなく、人間の「予期意向」、つまりこうなるだろうという潜在意識、それと「不覚筋動」、つまり無意識に手に力が入る、この二つで動くもの」だと明かしました。

円了はこのことを論文に書き、かつ明治二〇年（一八八七）五月、『妖怪玄談——狐狗狸の事』の書物を公刊しました。ここから、世に妖怪博士といわれるようになったようです（以上、三浦節夫「井上円了の妖怪学」、東洋大学ブックレット6、学校法人東洋大学、二〇一四年より）。

天狗の研究

次に、円了の妖怪研究の一例として、天狗についての研究を見てみます。

円了が作った哲学堂講演の正門、哲理門には、左右に幽霊と天狗の像が安置されています。それは、足を地につけて歩めと、鼻高々になって慢心してはいけないという戒めを訴えるものであるとの説を聞いたこともあります。いずれにせよ、円了が生きた時代には、天狗にさらわれたとか、天狗に書道を習って達筆の書を書けるようになったとか、日常的に天狗の仕業が語られることがあったようです。いったいそうした奇怪な出来事は、どのように考えられるべきものなのでしょうか。

円了は『妖怪学講義』の「第二　理学部門」にて、天狗につき、「天狗の談はわが国いたるところ一般に伝唱するところにして、その体、獣にもあらず人間にもあらず、さりとてまた神にもあらず、実に一種不測の怪物なり、この怪物は高山あるいは峻嶺にすめるものにして、そのなにものなるかということにつきては、古書中にも種々に説けり」(『選集』第一六巻、四七九頁)と書き出し、『中古叢書』、『年山紀聞』、『桂林漫録』、『広西通志』等々七、八冊の古書の説を紹介しています。さらに『妖怪学講義』「第五　心理学部門」でも、それらに加えて古来の文献の説を補っていて、実に天狗に関する調査は行き届いているのですが、結局、天狗とは何かについては、やや錯綜していてわかりづらい面があるのも事実です。その中、比較的まとまっている説は、『妖怪学講義』「心理学部門」に紹介される『秉燭《へいしょく》或問珍《わくもんちん》』の次の説かと思いますので、その一節を引用してみます。

『天狗論』表紙(『全集』第19巻、東洋大学井上円了記念センター蔵)

……天狗のこと、いかなるものともきわめがたし。……そ(『本草綱目』、韓文《かんぶん》の汴州《べんしゅう》乱《らん》の詩、『山海経』)のほか『史記』天官書、『漢書』天文志、『太平御覧』『三才図絵』にいうところの天狗というもの、日本にいい伝うる人面鳥獣のことにあらず。ここに干宝《かんぽう》『捜神記』に、「治鳥というものあり。越の地に多し。陰山にすんで樹をうがち巣を作る。口の大きさ数寸。木をきる者、見るときは避けて見えず。過《あやま》ってもこれを犯せば家を焼く。形。鳥のごとし」とあり。この治鳥、日本の天狗のことか、決定せんも拠《よ》るなし。畢竟《ひっきょう》、天狗は深山の魑魅《ちみ》の類にして、形定まるべからず。陰気の積み集まる所より生じたるものなり。ゆえに、人の多く集まりたる陽気盛んの所に、かつて天狗というものなし。（中略）海中に人魚あり、陸に鸚鵡ありて、よく人の語をなす。天狗の人に似たること、あやしきにもあらず。また、山伏の姿なりというは、天狗の住む山というは、おおかた修験僧の住む所なれば、それによりて太郎坊、次郎坊の名をわきより名付けたるべし。義経、兵法を大天狗に得しということあるべからず。張良が圯上《いじょう》の老人に書を得しという類にて、兵法一つの謀計なり。また天狗に僧正号をばいつの御代にか許されけん。笑うべし。鞍馬の僧正谷、稲荷山の僧正峰というは天狗の名にあらず。壱演《いちえん》僧正慈済の法を行いたまいける所なりと『真言伝』に載せたり。

（『選集』第一七巻、五一八～五一九頁）

なお、平田《ひらた》篤胤《あつたね》（一七七六～一八四三）は『古今妖魅考』に、林羅山《はやしらざん》（一五八三～一六五七）の天狗説を引用して、「世に天狗というは、（中略）羅山先生の説のごとく、多くは僧、山伏などの化《かわ》れる鬼をいえり。なにゆえぞ、そを天狗といいはじめけんと考うるに、高鼻長喙《ちょうかい》にて、頭はかの天狗に似て山に住み、世に災異をなすことも、かの天狗に類《に》たればなり。後白河天皇に見奉りて開発源大夫と名告《なの》白せるものの語に、僧らの化れる霊鬼のことを語りて、その形、頭は天狗にて左右の羽、生えたりとあるをいうべし。云云《うんぬん》」とあるそうです（同前、五二九〜五三〇頁）。

というわけで、起源も実態も必ずしも定かではありません。なお、一三世紀に描かれた『辟邪絵』に登場する、毘沙門天に射落とされる有翼鬼神は、烏天狗そっくりらしいです。また、一四世紀初頭に遡りうる『是害坊絵巻』に登場する天狗は、その有翼鬼神の後継と見られています。

ともかく円了在世当時、天狗にまつわる話はおびただしいほどあったのであり、円了はこの事象の解明にも取り組むのでした。

その第一に、物理的に考えて、「いわゆる天狗の住所とみなされたる深山幽谷には、多少奇異の現象を存すべきものにして、あるいは猛獣、異人の住することあるべし」との認識を示し、そこにおいて天狗の所業といわれるものは、実は猛獣等のなしたことに、天狗を想像したにすぎないであろうといいます。

中には、世間で天狗の存在を信じているので、それに乗じて他人の肝を奪わんとする好奇心から故意に何らかの怪事をなしたものもあろうといいます。また、山中に迷って、偶然、樵夫《しょうふ》に出会って、天狗に会ったと思いこむようなこともあろうといいます。

さらに、心理的に考えて、「深山大沢なるものはおのずから幽邃にして、満目凄陰たるものなれば、人もしかくのごとき境に入るときは、覚えずその心動き、自ら迎えて奇怪のことあらんと想像し、したがって種々の幻覚を起こし、はなはだしきは妄覚を生ずるに至るなり」と分析しています。その背景には、ふだん天狗のことを聞き、その図絵などを見て、記憶にとどめられたものがあって、それがそのような特殊の時によみがえり、天狗の所業と了解してしまうのだというのです。

以下、天狗にかかる一つの伝承の実際と、その円了の解釈の様子について、紹介してみましょう。次は円了が阿波国《あわのくに》にて聞いた話だそうです。

同国美馬郡定光村に生来白痴同様の者あり。一日飄然《ひょうぜん》として天狗のもとに遊び、書字および撃剣の技を学びて家に帰れり。爾後《じご》、日夜を選ばず庭前の立ち木に向かいて撃剣を試みしが、ついに大いに熟達せり。自らいわく、「これ天狗のわれに教授せしなり」と。これと同時に日々書字を試みしに、これまた大いに発達するを得たり。しかして自らいわく、「これ天狗のわれに授けしところなり」と。これより、両技ともにすこぶる造詣するところありて名声四近に聞こえしかば、ついに徳島藩主に召されて撃剣の師となれり。人あり、これに妻帯を勧む。某曰く、「天狗、かたくわれに妻帯を禁ぜしがゆえに、応ずることあたわず」と。されども人の再三再四強《し》うるに及び、やむをえず初めて妻を迎えしが、これと同時に撃剣および能書の技術を失して、ふたたび従前の白痴に帰せしが、維新後まで存命せりという。人、今に伝えてこれを奇とす。（同前、五三八頁）

この話に対して、円了は心理上から説明してみせます。それは次のようです。

……右の撃剣および能書のごときは、精神上の一時の変動より生ぜしものにして、某は当時必ず自ら天狗を妄見し、これによりその術を伝授せられたる夢境を現ぜしならん。爾後、一時精神の変動によりて、この二術ともに大いに発達し、また曩日《のうじつ》の白痴にあらざるに至りしも、もとこれ一時の変態のみ。しかして、その妄見せし天狗が妻帯を禁ぜし一言と、その伝授せし技術とは、相連帯して己が記憶内に存せしをもって、いったん妻帯してその禁を犯ししことを覚知するときは、また精神上に一大変動を起こしきたりて、これと連帯せし技術までもにわかに退歩するに至りしならん。かくのごとく一時の変動によりて得たりしものは、また一時の変動によりてもとに復しやすきものにして、すでに妻帯の後はこのことつねに己を責め、わが術はかつて天狗より授けられしものなりとの信仰心を破るに至らば、これと同時にその芸能をも失うべきこと自然の理というべし。ゆえに、かか

る現象は心理上、種々の作用に照らして考うるときは、またあえて奇怪となすに足らざるなり。（同前、五三八〜五三九頁）

こうして、円了は「これを要するに、世の天狗談は、一部分は物理的に説明せらるべきも、多くの部分は心理的説明に属するものにして、畢竟《ひっきょう》するに、これまた一時精神の狂態を現ぜしものというよりほかなし」（五三九頁）と述べています。なお円了は、神憑り、魔憑きの種類も、天狗と同様の心理的要因によって奇怪現象が起こるもので同種とみていました。円了の妖怪学においては、心理学的な解明がかなり大きな部分を占めているのです。

円了はこの節を結ぶに際し、「ゆえに、天狗等に憑付せられたるものも、平常は無知愚鈍のごとくなれども、もしその精神にして一点に凝集する力に富み、天狗の一原因によりて該点に精神力を固着するに至らんか、その常人の及ばざる作業をなすは理のまさにしかるべきことにして、なんぞ奇怪となすに足らんや。これ、予が古来の天狗談をもって、その原因おおむね精神作用より発するものと信ずるゆえんなり。されども、民間に伝うるものは十中八九までは、予がいわゆる人為的偽怪に属するものなれば、決してこれを事実と信拠することあたわざるなり」（五四〇頁）と示すのです。なお、『円了講話集』には「天狗の起源」があり、このことについて詳しく論じているので、ご関心のある方は参考にされるとよいと思います（「天狗の起

源」、『円了講話集』、『選集』第二五巻、五九一〜五九六頁)。

家相の研究

もう一つ、今度は家相、とりわけ鬼門《きもん》の問題について円了はどのように見ていたかを見ておきます。

円了は、占いや人相見、家相・地相などの習慣も取り上げ、その当否を克明に論じました。たとえば家相については、『妖怪学講義』の「第四　純正哲学部門」において、『家相図説』、『家相秘録』、またそこに引用される『黄帝宅経』などにふれながら、家相の起源や特質について解説し、そのうえで次のように述べています。

……予、二、三の家相書を閲するに、その所説中には、往々今日の衛生学および建築学に適するところあるを見るなり。しかれども、その原理原則とするところに至りては、シナの陰陽方位の説に基づくものなれば、これを妄誕、不合理と断ぜざるべからず。……それ従来の家相法は、たとい一、二の今日の学理に適するものあるにもせよ、その十中七八は不合理的妄説なること、今日識者の一般に認むるところなり。特にその原理と仰ぐところのものは、古代の妄説に基づけるのみなれば、よろしく当今の学説を根基としてその方法を一変せんことを、斯道に従う者に望まざるを得ず。

（『選集』第一七巻、二六六〜二六七頁）

このように、円了は従来の家相説に対して、かなりきびしい見方をしています。別に、「しかして、これをわが国に見るも、切々として家相に心を用うるものかえって福利を得ず。これに反して、さらに意を家相に用いず、いわゆる偶然吉相に的中して富裕なるもの少なからず」といい、「果たしてしからば、予は家相全廃説を唱えんと欲す」（同前、二六八頁）とまで述べています。しかし一方で、「予は決して自ら家相説を全廃せんことを求むるものにあらず。むしろこれをして進歩改良せしめんため、その中に混入せる妄誕的分子を除去して、さらに今日の衛生学、建築学の真理に基づきて、一種の別法を新設せんことを欲するなり」（同前、二六九頁）とも述べています。まことに円了の考え方は、どこまでも合理的です。

この家相の問題に関連して、今も世に恐れられがちとなっている鬼門のことについて、円了はどう見ていたのかを探ってみましょう。円了は鬼門の起源について、『南畝叢書』中の「神巷談園」に、「いま東北の隅を鬼門という。もとは黄帝の『宅経《たくけい》』に出でたり。はかせどもこれを知らず、鬼門関のことまで引きて鬼門の文字を証せり。みなあやまりなり。『宅経』についてみるべし」とあるのを指摘し、また鬼門に関する種々の説を取り上げています。その中には、『随意録』なる書物に、「『海外経』に曰く、「東海中に山あり。名付けて度索《たくさく》という。上に大桃樹あり、三千里に屈蟠《くつばん》す。東北に門あり、名付けて鬼門という。万鬼の集まる所なり。天帝、神人をしてこれを守らしむ」と。これもとより怪説、信ずべからざるなり。しかもこの説によれば、またその山の東北の門、名付けて鬼門というのみ。すべて東北の方を称してもって鬼門となすにあらざるなり」とあるのも引用しています。また、『百物語評判』（巻四）に、今の大桃樹の話に似た説を『神異経』の説としてあげつつも「これまさしき聖賢の書に出ずるにもあらず。そのうえ、その書にも鬼門をいむということはみえはべらず」とあることを示し、また同書に、「たとい鬼門へむきても善事をなさばよかるべく、辰巳へ向かいても悪事をなさばあしかるべし。なお鬼門にかぎらず、軍家にもてはやしはべる日取《ひど》り、時取《ときど》りのよしあしもかくのごとし。悪日たりとも善をなせば行くさきめでたく、善日たりとも悪をなさば後にわざわいあるべし」とある部分も引用しています。あるいはまた、『秉燭或問珍』に、「鬼門のことひさしくいいきたりて、いずれの御代よりいいはじめけることをしらず。しかれども、いずれの書にも見えたることとなし。ここに東方朔が『神異経』に、東方度朔の山に二つの神あり。その名を神荼《しんと》鬱塁《うつりつ》という。もろもろの悪をつかさどる神なり。この神のおる方を鬼門というなりと記せり。しかれば、鬼門の名はしれたれども、艮《うしとら》を忌むということなし。ただ東方とばかりあり」とある説、また昔は人は穴に住み、その穴はすべて北の陰を避け、南の陽に向かって南向きに作られていた。それがいつの間にか鬼門として忌むべき方角と取り違えられ、「巫覡《ふげき》にまどわされて心定まらず。このゆえに、その方角へわたましすれば必ず祟《たたり》あり。これ自心より禍を生ずるものなり」とあることも紹介しています（以上、同前、二八一〜二八五頁）。このほか種々の説を引用、紹介しつつ、結局、円了は次のように結論付けています。

……これを要するに、陰陽方位家の妄想より描き表したる説にして、昔日といえども学識あるものは毫《ごう》もこのことを信憑《しんぴょう》せず、ただ民間蒙昧《もうまい》の徒のこれを唱えしのみ。ゆえに今日に至りては、すでにかかる妄説を信ずべき理なしといえども、民間なおその説に迷い、これがために移転、建築等に実際上の不便をきたすこと極めて多し。実に嘆ずべきことならずや。（同前、二八七頁）

なお、この節の最後には、「今日の地球説によれば、東西南北の方位はもとより一定不動なるものにあらず。シナより日本を指して東にありというも、さらにアメリカよりせば、わが国を指して西にありとするものなり。しからば、一定の方位なき地球の上において鬼門の方位を談ずるがごときは、その愚かなること識者をまたずして明らかなり」（二八七頁）の言で結んでいます。

ちなみに、一二月一三日は、本学の一大厄日となっています。明治三五年（一九〇二）のその日、哲学館事件の結果、文部省より本学の教員免許無試験検定許可の特典が剥奪された日であるからであり、かつ明治二九年（一八九六）のその日、哲学館の蓬莱町校舎が全焼してしまった日でもあるからです。哲学館はこの日を後に大学記念日として、独立自活のうちに大いに盛り上げる行事を行っていくたくましさを具えていたのですが、世間では校舎の全焼について、円了が鬼門を無視したからだという評判が立ったりしたのでした。このことについて、円了は『妖怪百談』の中に、次のように記していますので、ここに引用しておきましょう。

昨年十二月、余が「鬼門退治」と題したる一編の論文を、二、三の新聞に掲載せしことあり。その文中に、「わが家は鬼門に向かいて再三増築せしものなれば、これを鬼門三度破りの家と名づく、云云《うんぬん》」の一段あり。世人この段を読みて数日を出でざるに、たちまち哲学館の消失に会せり。よって遠近《おちこち》、説をなしていわく、「哲学館の消失はまさしく鬼門の祟《たたり》なれば、鬼門は決して犯すべからず」と。かえって鬼門迷信家に迷信の兵糧を与うることとなれり。しかるに、当日の実情は全くこれに反せる次第なれば、一言もって世人の誤解を弁明せざるを得ず。まず、当夕火を発したるは郁文館にして哲学館にあらず。哲学館は郁文館に隣近せるをもって、類焼の不幸に会したるのみ。かつ、いわゆる鬼門三度破りの家は、依然として火災を免れ、鬼門に触れざる哲学館校舎および寄宿舎は、むなしく烏《う》有《いう》に帰せり。この事実によりて考うれば、哲学館の消失と鬼門とは全く関係なきこと明らかなり。

（『選集』第一九巻、一〇八頁）

ちなみに、「鬼門論」の稿が、『妖怪百談』に付録としておかれてあり、よりわかりやすい鬼門の解説となっています。

（6）妖怪の分類

以上、円了の妖怪学のごく一端を垣間見てみました。円了はこれらのありとあらゆる不思議なる妖怪現象を、実に詳しく分類しています。明治二六年の『妖怪学講義』「総論」によれば、それは次のようです。

まず、妖怪は虚怪と実怪とに分けられます。虚怪には、偽怪と誤怪とがあります。偽怪というのは、人を欺くためにわざと作られた妖怪です。誤怪とは、偶然、誤って妖怪と思ったもので、実際はそうではないものです。たとえば、すすきをお化けと見るなどは、その例でしょう。

- 妖怪
  - 虚怪
    - 偽怪（人為的妖怪）
      - 個人的妖怪
      - 社会的妖怪
    - 誤怪（偶然的妖怪）
      - 客観的妖怪
      - 主観的妖怪
  - 実怪
    - 仮怪（自然的妖怪）
      - 物怪（物理的妖怪）
        - 無機的
          - 天文的
          - 地理的
          - 物理的
          - 化学的
        - 有機的
          - 植物的
          - 動物的
          - 人類的
      - 心怪（心理的妖怪）
        - 変覚
        - 変情
        - 変智
        - 変意
    - 真怪（超理的妖怪）
      - 秘怪
        - 霊怪
        - 神怪
      - 理怪
      - 妙怪

（『妖怪学講義』「総論」、『選集』第一六巻、二八二頁）

一方、実怪には、仮怪と真怪とがあり、仮怪は一般的な物理的・心理的不思議現象です。仮怪には、火の玉のように、地中の天然ガスが噴き出して燃えたものとか、何らか根拠があるけれども神秘的に見られたものです。また、幽霊、霊夢のようなものは心理的妖怪です。

この中、心理学的研究の方面は、円了の妖怪学の中でもきわめて大きな領域を占めていると思われます。円了は独自に心理学も究めており、また心理療法なども体系的に示しました。森田療法で有名な森田《もりた》正馬《まさたけ》（一八七四〜一九三八）は、円了の『妖怪学講義』や『心理療法』を精読し、心理療法の中の一つである自然療法というものにヒントを得て、神経症に対する有力な治療法を確立したのです。森田は、大正一三年（一九二四）から昭和三年（一九二八）まで、東洋大学に教授として関わっています。それはともかく、円了は妖怪学と心理学の関係を説明するのに、心的活動を、感覚・智力・情緒・意志の四つに分け、通常の活動と変態異常の活動、すなわち変覚・変智・変情・変意とがあり、それらをさらに、各々、病的と怪的とを分けていきます。変覚には、五感（視覚・聴覚・嗅覚・味覚・触覚）それぞれに、変覚・幻覚・妄覚があるとします。変智には、実想と虚想とを分けたりしています。変情は、単情性に苦痛性と快楽性、複情性に相対性と絶対性を分けています。変意には、単意性に悪意と善意、復意性に相対性と絶対性を分けています（以上、前掲「妖怪学と心理学の関係」、『甫水論集』参照）。このように、心理的妖怪だけに限っても、まことに詳細な分類を施しています。それぞれの具体例については、『妖怪学講義』「心理学部門」（『選集』第一七巻）に紹介されていますので、ご関心のある方はぜひご参照ください。

以上は物理的・心理的な仮怪なのでしたが、一方、真怪なるものがあって、それには、秘怪・理怪・妙怪などがあるとしています。この真怪に関しての説明を、「妖怪学と心理学の関係」のほうから引いてみましょう。

……これに対して、さきにいわゆる真正の不可思議を名づけて真怪という。その真怪は全く道理以外のものにして、人知をもって知るべからずとなすときは、これを秘怪というなり。この秘怪の体が物心万境の上に啓示開現して、その真相を現すに内外の二様あり。外界物象の上に真相を開現するもの、これを霊怪といい、内界心性の上にその霊光を開現するもの、これを神怪というなり。しかるにまた、右の真怪は吾人の有限性道理にては不可知なりとするも、若し無限性道理によりて知ることを得べきものとなすときは、これを理怪という。いわゆる理想的妖怪なり。この理怪と秘怪と相合して一つとなり、一方に秘怪を示して一方に理怪となり、理怪なるがごとくにして秘怪、秘怪なるがごとくにして理怪、二者の一体不二なるものにいたりては、これを妙怪というべし。

（『甫水論集』、『選集』第二五巻、八六頁）

真怪の各種の内容は具体的にはどうもわかりにくい点もなきにしもあらずですが、ともあれ実に綿密な分類を示しています。それだけ徹底してあらゆる怪（不思議現象・神秘現象）を集めていたということでしょう。

（7）円了が説く真怪とは

こうして、円了は妖怪学という一大学問を形成し、さまざまな不思議現象について、その秘密を科学的に解明していったのでした。ただし、ではこの世のすべてを人間の知によって解明できるかというと、それは早計だと円了は戒めています。円了はきわめて科学的、合理的であると同時に、むしろ真に合理的であるからこそ、その限界についても見究めていたのです。次のようです。

……それ、一杯の水は一滴の露より成り、一滴の露は数個の分子より成り、分子は小分子より成り、小分子は微分子より成り、微分子はすなわち化学的元素なり。もし、そのいわゆる元素はなにより成るを問わば、けだし、だれもこれに答うるものなかるべし。これ、すなわち一小怪物なり。人身の大なる、これを国土に比すれば、滄海《そうかい》の一粟にも及ばず。国土の大なる、これを地球全体に比すれば、また九牛の一毛に及ばず。地球の大なる、これを太陽系に較すれば、その微小なる、譬喩《ひゆ》の及ぶところにあらず。太陽系の大なる、これを無涯の空間に較するに、また比例の限りにあらず。しかして、空間そのもののなんたるに至りては、実に人知の及ばざるところにして、これまた一大怪物なり。果たしてしからば、これを小にしてもこれを大にしても、妖怪その両岸を築きて、人をしてその外に出ずることあたわざらしむ。これ実に真正の妖怪なり。しかして、その間に架したる一条の橋梁は、すなわち人の知識なり。学者この橋上に立ちて、愚俗下流の輩の頑石の間にわだかまり、迷いてその道を知らざるを見て、世に妖怪なしと断言するは、その識見の小なるを笑わざるを得ず。しかりしこうして、愚俗の妖怪は真怪にあらずして仮怪なり。仮怪を払い去りて真怪を開ききたるは、実に妖怪学の目的とするところなり。

（『妖怪学講義』「緒言」、『選集』第一六巻、二二一頁）

ここには、人知に限界のあることを指摘して、人知を超えた世界があることを説くとともに、真実の妖怪（＝不思議＝神秘）があるのであって、妖怪学の目的は、「仮怪を払い去りて真怪を開きたる」ことにあることが明快に語られています。そうだとすれば、円了の妖怪学は、単に神秘現象の科学的解明を行うのみではなく、むしろ究極の神秘を解明することにこそ真義があるのであり、その意味で哲学的、宗教学的に深いものを蔵しているわけなのです。実に円了の妖怪学の究極のねらいは、「仮怪を払い去りて真怪を開きたる」ものなのです。

とすれば、では究極の神秘現象、真怪というべきものについて、円了はどのように捉えていたのでしょうか。円了の妖怪学に参ずるとき、この問題が最大の問題となるでしょう。では、このことについて、円了はどのように説いているのでしょうか。

たとえば円了は、次のようにいっています。まず、前の分類で、秘怪（霊怪・神怪）、理怪、妙怪といわれていたことに関することです。

つぎに、真怪とはこれ真正の妖怪にして、さきにいわゆる絶対無限の体を指して名付けしものなり。仮怪は実怪の一つなれども、これを講究してその原理に達すれば、尋常一般の規則と同一の道理に基づくことを知るべく、もしたとい今日の人知にては妖怪たるべきものも、他日の人知によりてその理を知悉《ちしつ》するを得べし。これに反して、真怪はいかに人知進歩すとも到底知るべからざるものにして、これ超理的妖怪なり。このいわゆる真怪の本体は、いたるところに遍在するものなれば、物の上、あるいは心の上を問わず、ようやくこれを研究してその本源、実体に達するに至れば、みなついに真怪となり、不可知的不可思議に終わるべし。すなわち、物には物の現象と本体とあり、心には心の現象と本体とあり、物の本体に達すればすなわち真怪というべく、心の本体に達するもまたこれ真怪なり。今この二者を区別せんため、一つを霊怪、一つを神怪という。霊怪は物の本体の妖怪にして、神怪は心の本体の妖怪なり。しかして霊怪及び神怪の二者はともに神秘不測にして、人知以上、道理以外にありとするときは、これを合称して秘怪とす。もし霊怪、神怪の二者相合して一体となり、しかも道理と一致して二途なきに至らば、これを理怪というなり。かくのごとく真怪には三種の別あれども、その実は通じて一たるものなり。

（『妖怪学講義』「総論」、『選集』第一六巻、二八四頁）

では、通じて一なる究極の真怪とは、何なのでしょうか。上述の説明によるとき、何やら物心の本体のようなものにも思えます。哲学の言葉でいえば実在、仏教の言葉でいえば真如《しんにょ》のことで、これは覚りの智慧を開かなければ知りえないものでしょう。ところが、このことについて実に逆説的なのですが、円了は次のように示します。

天地万物、これを不思議とすればみな不思議、妖怪とすればみな妖怪なり。天台曰く、

「一色一香無非中道」と。余曰く、「一色一香無非妖怪」と。人もし活眼をもって宇宙を達観しきたらば、春花も不思議なり、秋月も妖怪なり。自己の一笑一語、一挙一動に至るまで、妖怪、不思議ならざるなし。
（『続妖怪百談』、『選集』第一九巻、三〇一頁）

今・ここにものがあること、いのちが活動していること、自己が自由にふるまえること自体が、何故という知的理解を超えた、不思議以外の何物でもないことを指摘しているでしょう。このことは、自己や世界の存在は、自己を超える何ものかの力によることを示唆するものでしょう。実際、円了は自作の『哲学和讃』に、「物と心の関係は、離れて離れぬ絶妙の、不一不二とぞ定むるは、一元論の極致なる。この一元の本体は、不可思議中の不思議なり、心もことばも及ばねば、絶対無限と名づけたり。宇宙の森羅万象は、その絶対の波にして、時方二系の際なきは、その発したる光輝なり」（『選集』第二巻、二八～三〇頁）と謳っており、万有は絶対無限の何ものかの現われと見ていたのでした。

さらに、次の言葉も見えます。

ある人、余に妖怪研究の結果を、詩句をもって示されんことを請う。余、すなわち筆をとりて左の句を書す。

老狐幽霊非二怪物一、清風明月是真怪。

（老狐や幽霊は怪物とはいえない。清風とか名月これこそ真怪である。）

これ、余が悟道の語なりと知るべし。

（『円了茶話』、『選集』第二四巻、一四三頁）

「清風明月是れ真怪なり」、これはもはや、あたかも禅の悟りそのもののようでさえあります。禅では、「柳緑花紅」「眼横鼻直」などといい、あるいは「雀はちゅんちゅん、烏はかあかあ」などともいうのでした。眼前の一事実そのものに、いのちの真実そのものを見るのです。それは平常底そのものであって、かつ究極の神秘だというのです。

円了の哲学の内容は、前に述べたように、同体不二論等であり、安易に現象即実在論というべきではないのですが、あえていえば、それは現象即実在に窮まるものといえるものでした。

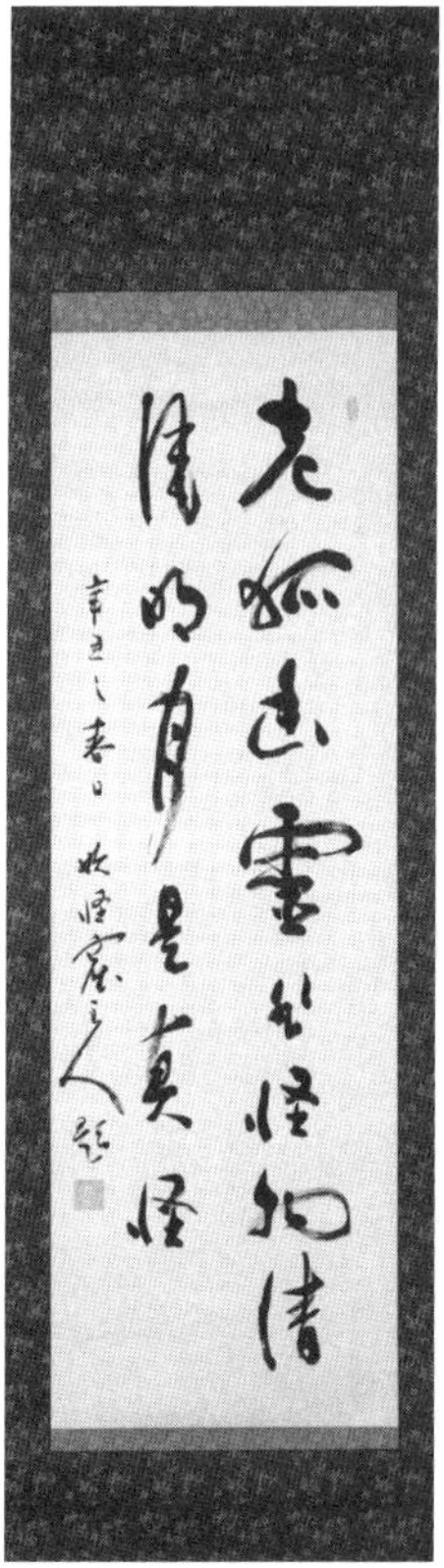

「老狐幽霊非怪物　清風明月是真怪」（東洋大学井上円了記念センター蔵）

妖怪学におけるこの現実即神秘という把握は、哲学的にはその現象即実在の見方そのものでもありません。したがって、円了の妖怪学と哲学とは、最終的にこの現実即真実において結びついていることになります。

ちなみに、円了はこうした真怪の見方に関して、「これは余がひとり申すわけでなく、昔の人もすでに説いておる」と明かし、二人の説を紹介しています。一つは、新井白蛾《あらいはくが》（一七一五〜一七九二）の、「天地の間はみな怪なり、昼の明、夜の闇、冬の寒、夏の暑、雪と降り、雨と化し、雷風のさわがしく、潮の満干、常に目なれ聞きなれたれば。怪しとも思わず、まれにあることはみな、人これを怪しむ」という説です。もう一つは、西村遠里《にしむらとおさと》（一七一八？〜一七八七）の、「奇妙、不思議なるゆえに見たしといわば、妖術はさておき、自身のものいわんと思えば声出でて、歩行せんとおもえば足動き、物をとらんと思えば手出ずるの類、いかなる理にてかくなるということ一切知るべからず。春は花さき、秋は実り、あるいは青くあるいは赤く、かかる色を地中よりだれが染めわけしや、云云《うんぬん》」の説です（『迷信解』、『選集』第一九巻、六七六頁。『続妖怪百談』、同前、三〇〇〜三〇一頁参照）。確かに似た説があったわけですが、ただし円了の場合は、そこに深い哲学的裏付けの自覚もありました。なお、これらについて、円了は次のように述べています。

……誠にそのとおりにて、不思議といえば天地万物みな不思議に相違ない。もし、これを不思議とせなくば、世界に一の不思議なしといいてよろしい。いわんや狐狸や天狗などは、決して不思議の中に数うるほどのものではない。万物みな不思議という中に比較してみれば、人の心が最も不思議のように思わる。まず世人のいわゆる不思議は、これを帰するに大抵みな心より出でておる。例えば狐惑《こわく》、狐憑《きつねつ》きのごとき、幽霊のごとき、みな心より呼び起こすところの妖怪である。されば、心は妖怪の母と申してよろしい。そのうえに、妖怪を見て妖怪と知るはみな心の作用に相違ない。ゆえに万物の中にて、心をもって妖怪の巨魁《きょかい》と申してよかろう。もし万物ことごとく真怪というならば、心は真怪の目、あるいは真怪の蔵《くら》といいて差し支えない。

（『迷信解』、『選集』第一九巻、六七六頁）

以上、円了の妖怪学の大概を一覧してきました。円了の妖怪学は、単に非合理的な現象を愛好しようとするだけのものでもなく、単に合理の精神によってその実態を暴露しようとするだけのものでもなく、あらゆる存在の当体そのものとしての真の不思議をどこまでも究明しようとしたものなのであって、それは哲学の一環をなしたものでもあったといえましょう。いずれにせよ、円了の壮大な妖怪学は、「一色一香無非妖怪」、「清風明月是真怪」に極まるものだったのであり、このことをけっして見逃してはならないこと、そこに奥深い意味があることを、ここに指摘しておきたいと思います。

第七章　井上円了の教育理念と東洋大学

（1）哲学館の開設

井上円了は、明治二〇年（一八八七）九月一六日、私立哲学館を創立、麟祥院《りんしょういん》で開校式を挙行したのでした。以来、一三〇年の歴史を歩んで、今日の東洋大学となっています。平成二九年（二〇一七）四月、今や東洋大学は、五つのキャンパス（白山《はくさん》・赤羽台《あかばねだい》・朝霞《あさか》・川越《かわごえ》・板倉《いたくら》）に一三学部、学生収容定員二万七千人（第一部二四一九五名、第二部二八一〇名）という、堂々たる私立総合大学に成長しています。これも、ひとえに創立者・井上円了の教育に対する情熱を受け継いでのものでしょう。

井上円了はわずか満二九歳、数えで三〇歳（而立）をもって、「私立哲学館」を開設し、念願であった教育事業に乗り出したのでした。場所は、本郷・麟祥院の部屋を借りてです。その後、明治三九年（一九〇六）に哲学館を辞するも、その後も社会教育運動に挺身したのでした。では、円了の教育理念、いわば建学の精神はどのようなものだったのでしょうか。以下には円了の教育に関する哲学・思想を探ってみたいと思います。

円了は私立哲学館開設の約三ヶ月前に発表した「哲学館開設の旨趣」において、その時代になぜ哲学の学校を開くのかの説明を次のようにしています。

……しかして諸種の学問中、最もその高等に位するものはすなわちこれ哲学にして、よくこれを研修するにあらずんば、もって高等の知力を発達し、高等の開明に進向するあたわず、これまた当然の理なりとす。哲学の必要たる、ここにおいてか知るべきなり。それ哲学は百般事物につきて、その原理を探りその原則を定むるの学問にして、上は政治法律より下はもって百科の理学工芸におよび、みなその原理原則を斯学に資取せざるはなし。すなわち、哲学は学問世界の中央政府にして万学を統轄するの学と称するも、決して過褒の言にあらざるなり。……

（「哲学館開設の旨趣」、明治二〇年（一八八七）六月。『東洋大学百年史』資料編Ⅰ・上、八三頁）

すなわち、人々の知力を開発するには、学問によらなければならない、その際、高等の学問によれば、高等の知性を開発することができる。高等の学問はあらゆる学問の原理原則を探求する哲学にほかならない。「哲学は学問世界の中央政府にして万学を統轄するの学」である。ゆえに哲学の教授が必要なのだというのです。ここに、井上円了の哲学に対する基本的な見方があるでしょう。

現在、東洋大学は建学の理念の筆頭に、「諸学の基礎は哲学にあり」を掲げています。よくこの言葉は実は井上円了の言葉ではない、後の学長・佐久間《さくま》鼎《かなえ》（一八八八〜一九七〇）が作った言葉だといわれます。しかし円了の著作の中、もっとも初期のものである『哲学一夕話』第一編の「序」に、

……略してこれをいえば、純正哲学は哲学中の純理の学問にして、真理の原則、諸学の基礎を論究する学問というべし。

（『選集』第一巻、三四頁）

とある箇所に、その典拠を見出すことができると思います。その意味では、この言葉も円了の意を表したものといって差し支えないものです。ただし、円了は確かにその後、この「諸学の

基礎」という言葉は使わなくなり、今もありましたように、哲学は「万学を統轄する学」「学問世界の中央政府」等というほか、あるいは「諸学の王」「統合の学問」等と述べています(『純正哲学講義』(明治二四年(一八九一))、『選集』第一巻、二五四頁など)。しかしながら、これらの表現も、哲学が「諸学の基礎」であることを、別様の表現で述べたものと見てよいでしょう。

この「諸学の基礎は哲学にあり」ということは、哲学こそがあらゆる学問の意味づけを行うということを意味するものと考えられます。その意味を比較的はっきり説明しているものに、次の文があります。

……純正哲学において論定せるものは、倫理、論理、その他の諸哲学の原理原則となり、哲学諸科の論定せるものは、理学、法学、その他の諸学科の原理原則となりて、学問世界の中央政府はすなわち哲学なり。……そもそもわが国の文明を進むるは、政治、法律のひとりよくするところにあらず、理学、工芸のひとりよくするところにあらず、その諸学の政府となり、その諸芸の根拠となりて、よくこれを統轄し、よくこれをしてその区域を保ち、その位置に安んぜしむるの学を講究するを要するなり。……これよりしてのち世人をして、哲学は学問世界の中央政府にして、諸学諸芸の根拠なるゆえん、ならびにこれを講究するの必要と、そのよく文明を進め国益を助くるゆえんを知らしむべしと信ず。
（「哲学の必要を論じて本会の沿革に及ぶ」、『哲学会雑誌』、明治二〇年（一八八七）二月・三月。『選集』第二五巻、七四六〜七四九頁。なお、『純正哲学講義』の末尾に引用される『哲学会雑誌』の論文も参照のこと。『選集』第一巻、二五六〜二五七頁）

すなわち、哲学は、諸学「の区域を保ち、その位置に安んぜしむる」ものだというのです。しかもこれがあればこそ、他の学問の意義も十全となり、ひいては我が国の「文明を進め国益を助」けることにもなるといいます。したがって、「諸学の基礎は哲学にあり」を掲げる本学は、それぞれの学問の成立する根拠を十分自覚する作業も行うと同時に、それらの学問がどのような体系を組織することになるのか、原理の原理を追究する哲学の営みを振興することによって、教育・研究活動のそれぞれの意味を根源的に問い、そのことを通して未来の理想的な地球社会を先導していく立場を切り拓いていくという、重要な使命を担っているといえるでしょう。

なお、明治二〇年六月の「哲学館開設の旨趣」においては、この哲学を民衆に広めるために、「世の大学の課程を経過するの余資なき者、ならびに原書に通ずるの優暇なき者」のために早く哲学を修めうる教育機関を作るのだとも述べています。この最後には、「おもうにその異日に企望するゆえんのもの、果たして能く成功に至らば、社会に益し国家を利し、またいずくんぞその世運開進の一大補助とならざるを知らんや」と述べるのです（「哲学館開設の旨趣」明治二〇年（一八八七）六月。『東洋大学百年史』資料編Ⅰ・上、八三〜八四頁。『選集』第二五巻、七五〇〜七五一頁）。

（2）井上円了の教育理念――「哲学館」麟祥院時代

円了は私立学校設置願届を同年七月二二日に提出しており、その三日後（七月二五日）に許可されていました。その後九月一六日に至って、哲学館を開校する開館届を提出し、かつこの日、いよいよ本郷の麟祥院の一室を借りて「私立哲学館」を発足させることになり、開館式が行われました。以下は、その日の演説からですが、ここに哲学固有の実用性について論じています。

……しかしここに申して置かなければならぬことは、学問と術とは性質の違うたもので、哲学は学問中の学問とも申すべきものなれば、術のように自分みずから事を取りてする方ではない、それゆえに直接に実際に関することはありますまい。しかしながらその理を応用して実際上に当はめれば、ずいぶん実際の利益もあります。すなわち道徳宗教は皆な哲学を実際に当はめた上で起ったものと見てよろしい。

今、譬えを挙げて哲学は学問中の学問であるから直ちに実用に関するものでないということ（に対し、そうではないということ）を説いて申しましょうに、哲学は大工の尺度《ものさし》の如くとでも申しましょうか。大工の木を削るは尺度では削りません。けれども尺度は無用にして益がないかというに、決して無用ではない。なるほど木を削り物を取り扱うには格別、尺度でなくても取り扱うことが出来るか知りませんが、仕事が込み入ってくれば尺度が必要となるに違いない。哲学は実際に在りてただちに世間を支配するものでもなく、機械を拵《こしら》えるものでもないが、世間人事の尺度となるは哲学に違いない。ゆえに直接に事に当らんでも無用ということは出来ません。……

（麟祥院での開館式での演説「開館旨趣」、明治二〇年九月一六日。『東洋大学百年史』資料編Ⅰ・上、九〇頁）

哲学館麟祥院の仮教場（東洋大学井上円了記念センター蔵）

このように、哲学は現実の事物や社会そのものに直接関わらなくても、諸施策や諸技術が現実社会に関わる際のその基準となる「ものさし」、すなわち原理・原則を究明するものとして、そういう意味での独自の有用性、実用性があるものだというのです。

また、西洋哲学を学ぶ哲学館設立の学問上の益に関して、以下をあげています。

第一に「哲学は実に諸学を総合統括する学問ですべての学問に関係を有しておりますから、西洋諸学の関係を知りその価値を知るには哲学を修めるが一番よろしい」こと、
第二に「東洋の学問の短所を補うの便益がある」こと、
第三に「東洋の学問の弊を救うの益がある」こと、
第四に「学者の気風を高くして学問を公平に見る」こと、
第五に「東洋の従来の学問を利用できる」こと。

（同前、九二頁）

このため、「東洋の学問を研究してこの中でこれだけは悪いこれだけはよろしいということを選《え》り分けて世界中にその学風を起こすには、哲学館のごときものありて西洋哲学と東洋哲学を兼修することが必要であ」るとします。西洋を学ぶことによって、東洋の今後の道がわかる

はずだというのです。最後には「今日にありては哲学館ははなはだ微々たるものでありますけれども、後来、日本の文明を振起し社会の開明を進めて行くには、その中に加わってこの哲学館も幾分か力あるものになろうと思います」とも述べて、哲学を学ぶことの重要性を訴えるのでした（以上、同前、九二〜九三頁）。

（3）井上円了の教育理念——第一回外遊後

円了は哲学館開設の翌年、明治二一年（一八八八）六月からほぼ一年間、諸外国の社会事情や教育事業の視察のために外遊します。横浜から出航し、訪問先には、サンフランシスコ・ニューヨーク・ロンドン・パリ・ローマ・ウィーン・ベルリンなどであり、帰路はマルセーユから出発、エジプト・アラビア・インド・中国を経て横浜に帰着しました。とりわけ、欧米の政教関係・東洋学研究の事情の視察が主目的の旅でした。帰国後、『欧米各国政教日記』上・下を著しています。

円了がこの旅でもっとも感銘を受けたことは、どの国も、自国の学問あるいは言語・文章・歴史・宗教等の伝統を大切にし、「独立の精神」を有していることでした。ここから、明治二二年（一八八九）六月に帰国後、早くも七月には、日本伝統の学問・文化の擁護・発展の重要性を訴えるのです。当時、日本はむしろ欧化主義に席巻されていたのですから、海外視察によっていわば伝統主義を主張するに至ったことは、むしろ新鮮であったともいうべきでしょう。

第一　各国皆その国従来の学問・芸術、すなわちその国の言語学、文章学、歴史学、宗教学を講究して怠ることなく、ますますこれを保護しますますこれを振起せんとすること切なり。これ大いにその国の独立に関係あることにして、一国を諸強国の間に維持して独立を全うせんと欲せば、その国の言語、文章、歴史、宗教を保護せざるべからず。……いやしくも日本国あり日本国固有の学術宗教ある以上は、まずこれを講究し傍《かたわ》ら西洋の学術を講究せざるべからず。

第二　我が日本の地はこれを西洋に比するに印度支那の哲学は皆ことごとく存し、これを講究することまた至って容易なり。かつこれを今日に講究するは日本の学を起こすに最も必要なる事なり。

第三　欧米各国の教育法は、唯人の学力を養成するに止《とど》まらず、人物・人品・人徳をもあわせて養成するなり。……花のみを目的とするときは暖室中の寒梅のごとく早く開花を見ることを得るも、その花の勢力に至りては樹木全体を養成するものにしかざること遠し。

学力人物ともに養成するは、あたかも樹木全体を養成するがごとし。

（「哲学館改良の目的に関して意見」、明治二二年（一八八九）七月二八日、同前、一〇〇〜一〇一頁）

まず初めに、国の独立にはその国固有の伝統文化の構究・振興がいかに重要であるかが強調されています。と同時にここで注目されるのは、第三です。ここには、教育活動においては単に学力のみならず人物をも養成することがきわめて重要であるとの認識が示されています。その心は、後に「知徳兼全」という句に結晶すべきものでした。

また、この方針から、哲学館の方向性を、次のように定めています。ほぼ今の「意見」をふまえたものです。

第一に、その従来の学科東洋哲学中、もっぱら日本従来の学問・芸術即ち和文学、漢文学、仏教、儒教、神道、日本歴史を講究するの方法を設けんとす。これ一国の独立上、必要なればなり。

第二に、従来の学科中、西洋哲学を主とし東洋哲学を属としたるも、今後は漸々に東洋哲学を正科とし西洋哲学を副科とするの方向を取らんとす。これ日本の学問を振起するに必要なればなり。
第三に、哲学館に大なる寄宿舎を設け、余自らその舎長に当り、毎日舎生とともに飲食し、朝夕舎生とともに運動し、ともに談話し、ともに交情を通ずるの方向を取らんとす。これ人物養成に必要なればなり。

（同前、一〇二頁）

さらに、その翌月、八月には、以上を強調して、日本主義の大学、日本大学の確立をめざすという、次の考えを明らかにしました。

……唯我が邦の学問中に日本在来のものと支那伝来のものと印度伝来のものの別あるのみ。しかしてそのいわゆる伝来のものはその初め日本に伝来してより以来、千余年を経過し、我が国在来の文物とともに成長しともに発達して、一種固有の日本性を帯び、この諸元素相和して相合して一種固有の国風民情を化成し、その今日印度支那にあるものと大いにその性質を異にするに至れり。すなわちその学は日本固有の学と謂《い》わざるべからず。……唯その主義とする所、日本主義を取りて一方には日本国の独立を維持し、一方には日本固有の諸学を愛護し、その学科中の東洋部は日本固有の学（すなわち神・儒・仏三道及び我が邦固有の哲学、史学、文学）を教授するものとし、ようやく進みて他日、日本大学の組織を開かんことを望むものなり。

（「哲学館将来の目的」、明治二二年（一八八九）八月八日、同前、一〇三頁）

こうして、その翌々月、明治二二年一〇月の「哲学館目的について」（長文）において、従来必ずしも明らかにされていなかった「主義」、いわば理念について、あらためて詳しく説くのでした。円了は根本に国の独立を護るという精神を置き、行き過ぎた欧化主義に対し日本主義と宇宙主義（客観的真理、哲理）とを調和させるべきであるとして、次のように説くのです。

……たとい日本なる名は存するも日本なる実は疾《と》くに天外に飛散して、その形跡を認むべからざるに至らん。すでにこのごとくならば、いずくんぞよく日本の独立を維持するを得んや。これ余の最も憂うる所にして、いわゆる日本大学は上掲の三者すなわち言語・歴史及び宗教を完全結成し、以て日本独立の基礎を堅固にせんと期するゆえんなり。……その裏面に入ればなお一の大なる目的あって存す。これを名づくれば宇宙主義ともいわんか。すなわち宇宙学理を研究することこれなり。……

日本主義（表面）

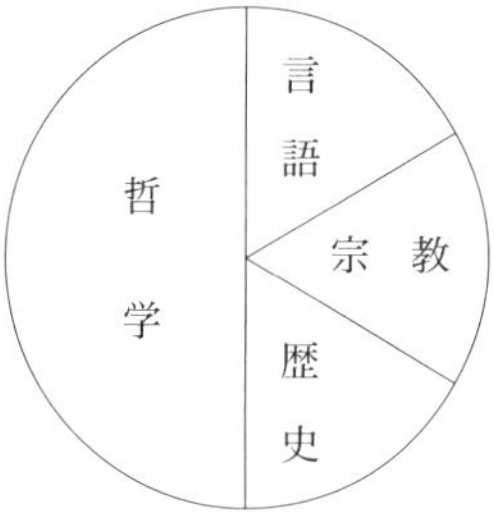

宇宙主義（裏面）

以上を概括して、哲学館の目的事業を図解を以て示せば、左のごとくなるべし。すなわち表面よりは言語・宗教・歴史を以て日本主義を構成し、もって日本独立の精神基礎を確立し、裏面においては、宇宙主義すなわち普く宇宙間の真理もしくは哲理を研究するに在るなり。……

（「哲学館目的について」、明治二二年（一八八九）一〇月一八日、同前、一〇五〜一〇七頁）

ここにいう宇宙主義とは、普遍性・客観視を尊重するというものであり、この日本主義と宇宙主義の両方を重んじるとの主張は、円了がつとに強調していた「護国愛理」（たとえば、『仏教活論序論』、明治二〇年（一八八七）二月）を別様に表現したものとなっています。「護国愛理」とは、偏狭なナショナリズムではありえず、また政治的よりは文化的・思想的（学問的）標語だったのです。

またこの文書には、こうした教育のもとに、どのような人財養成をめざすかも記されています。円了は、「広大なる一国の基礎」「すなわち国民全体の改良をなすは果して何ものなりや。その教育家・宗教家・哲学家なること問わずして明らかなるべし」との認識を持っており、この者たちに「よくその職を奉じその任を尽し、智育・徳育をして完全併進せしめざるべからず」との思いがありました。円了が哲学館で育成しようとした人財は、主にこうした人々だったのです。このことを今日の表現でいえば、円了が育成しようとしていた人財は、「各地の志ある草の根のリーダーたち」であったというべきでしょう。

参考までに、その中、哲学家の育成について述べる箇所では、次のように語っています。

……元来、哲学は諸学の王もしくは統合の学問なり等の定義もあるごとくにて、よくこれを応用せばいかなる事業にも活動するを得べく、また政治・法律・経済等の諸学に赴くことをも得べく、その他、著述家・演説家等にもなることを得べし。ゆえにその間接上の事業に至りては、ほとんど枚挙に暇《いとま》あらざるなり。……（同前、一〇八頁）

こうして、哲学による教育は「人材を陶冶し、人心を修養堅固にし、諸般の原理を示して万事に応用せしむる等、その利を与え世を益すること、実に万世不朽と謂うべし」（同前、一一一頁）といって、この事業の重要性を強調するのです。

(4) 井上円了の教育理念――「哲学館」蓬莱町時代

この年(明治二二年)一一月、哲学館の校舎は、麟祥院から蓬莱町《ほうらいちょう》(現在の文京《ぶんきょう》区向丘《むこうがおか》)の新校舎に移りました。ようやく自前の校舎を持つことができたのです。この移転式(一一月一三日)において、円了は哲学館の従来の理念をふまえつつ、哲学館改良の方針として、あらためて以下の四項目を示しました。

第一　我が邦久来の諸学を基本として学科を組織すること

第二　東洋学と西洋学の両方を比較して日本独立の学風を振起すること

第三　智徳兼全の人を養成すること

第四　世の宗教者、教育者を一変して言行一致、名実相応の人となすこと

哲学館蓬莱町校舎(東洋大学井上円了記念センター蔵)

ほぼ従来の考えを踏襲していますが、ここにおいて「智徳兼全」の句が用いられたのでした。なお、「他日、一箇の専門校を開き、国家独立の大機関ともいうべき歴史学・言語学・宗教学を分ち、国学科・漢文学科・仏学科の専門を開き、日本大学ともいうべきものを組織し、学問の独立と共に国家の独立を期す」とも述べ、ふたたび日本主義の大学をめざすことを明確に訴えています（以上は『東洋大学創立五十年史』、三一～三二頁）。

翌明治二三年（一八九〇）九月の「哲学館に専門科を設くる趣意」においても、我が国固有の学問を研究するのは、「日本従来の学問を振起するに必要なるのみならず、日本人の心を維持し独立を保存するに欠くべからざるものなり」といい、「日本固有の諸学を基本としてこれを輔翼するに西洋の諸学をもってし、その期するところ日本学の独立、日本人の独立、日本国の独立をもってせざるべからず」等と主張しています（「哲学館に専門科を設くる趣意」、『東洋大学百年史』資料編Ⅰ・上、一一二～一一三頁）。

明治二六年（一八九三）四月の、「哲学館の目的」を書いた短文には、「哲学館の目的とする所は、文科大学の速成を期し、広く文学・史学・哲学を教授するにあるも、なかんずく教育家、宗教家の二者を養成するにありて、その方針とするところは、教育の方は日本主義を取り、宗教の方は仏教主義を取ることとなせり。……」とあります。宗教上、仏教主義を取る理由としては、「余が『仏教活論序論』に詳述せるが如く、仏教は実際上我国固有の宗教となり、一千有余年の間、人心を支配し来りし者なれば、若し仏教にして野蛮、非理、取るに足らず、これを今日に伝うべからざるにあらざる以上は、日本国民たるものこれを信奉せざるべからざる義務を有するものなり。いわんや学理上、仏教は真理として講ずべきものあるに於てをや。これ余が仏教主義を取る所以なり」と述べています。さらに、

すでに哲学館を創立して以来、余自ら欧米各国の教学の実況を観察せんと欲し、遠く泰西に遊び、年を越えて帰朝し、さらに大に感ずる所ありて哲学館を改良し、日本大学を開設せんことを計画せり。これまた余が護国愛理の二大義務に関係するものにして、教育と宗教の本源に遡りてその主義を明にせんと欲せば、その国固有の学を専修する路を開き、もって学問上根拠を確定せざるべからず。我国固有の学は国学・漢学・仏学にして日本大学の目的はこの三学の専門科を設くるにあり。これを要するに、余の教学に関する事業は大小種々あれども、すべて護国愛理の二大目的を実行するに外ならざるなり。

と説き、「護国愛理」、すなわち日本の伝統的文化・学問と普遍的真理の二つをどこまでも尊重する立場をあらためて強調するのでした（「哲学館の目的」、同前、一一三〜一一四頁）。

（5）井上円了の教育理念——第二回外遊・哲学館事件以後

明治二九年（一八九六）一二月、蓬莱町の哲学館校舎が全焼、しかし円了はこの悲劇に屈せず、翌年一月、原町鶏声《けいせい》ケ窪《くぼ》（現在の白山キャンパス）に移転しました。

その後、円了は、明治三五年（一九〇二）一一月、第二回目の海外視察（インドおよび欧米等）に出発します。この間に、文部省が哲学館の中等教員無試験検定の特典を剥奪するという、「哲学館事件」が起きたのです。当時、ロンドンに達してこの事を知った円了は、その地から種々指示を送ったりして、その対応に取り組むのでした。

やがて明治三六年（一九〇三）七月に帰国、九月には哲学館の新しい教育方針を、「広く同窓諸子に告ぐ」と題して発表、哲学館事件を「独立の精神を発し、実用の教育を施す」の一大機会であるとし、またイギリス視察の成果を取り入れ、独立自活の精神を重視する改革への方針をいくつか提示しました。その内容は次の通りです。

哲学館原町校舎（東洋大学井上円了記念センター蔵）

①時勢にしたがい、私立大学の開設を準備すること、その際、哲学館事件を受けて、この上は独立自活の精神をもって開設しなければならないこと。

②教育部は、実力修養を主として、もっぱら教員検定試験に備えること。このことは、かえって短期に資格取得できる道をひらくことになること。

③哲学部の目的は、もっぱら宗教家を養成するにある。本館では、「旧来の註釈的教授法を廃して、達意を主とし、活用を本とし、将来の社会に立ちて各方面に向かい、実地に活動し得る人を造らんとす」る。仏教の基礎のほか、倫理・心理・法制などを教授して広い知識と視野を身につけさせ、これに加えて英語もしくは漢学を重点的に教えることによって、より実用に適切ならしめること。

④時代の変化に応じ、内国のみならず外国（アメリカ・中国・朝鮮）に出て活躍できるよう、英語・中国語を中心に語学教育を行い、国際化に対応すること。

⑤哲学館事件を経ての大学開設を記念して、記念堂を建立し、四聖堂と称して、古今東

西の大哲学者たる釈迦・孔子・ソクラテス・カントを祭り、永く哲学の記念とすること。

⑥哲学館の方針は、哲学の理論の研究だけでなく、その応用を講じることにある。教育・宗教の直接的な応用に限らず、間接的に法律家や工業家など他の職業に従事して、哲学を社会全般に応用することを奨励してきた。哲学の応用はすべての分野にわたる。大学開設後は、やはり理論の蘊奥を究めるとともに、万般の応用を奨励する。というのも、日本人の弊としていたずらに空論に走って実用を忘れる傾向があるので、本館の教育はこの弊を直すことにあること。

（「広く同窓諸子に告ぐ」、『東洋哲学』第一〇編第九号、一一五～一二〇頁）

まず①に出てくるように、「独立自活」の句には、官に頼らない、安易に特典をあてにしない、自らの足で立つ、という意味が込められています。しかしこの句は、さらに広くは日本の独立をも視野に入れ、狭くは個人の自立をも意味しうるものでしょう。円了はイギリス人の「独立自活」の気風と実用重視の国民性をも参考にしながら、この句を唱えたという意味もありました。ともすれば日本人は「甘えの構造」に浸りやすい傾向の中で、円了がこの句を唱えたことは、日本にとって大きな意味があったと考えます。それは、福沢諭吉《ふくざわゆきち》（一八三五～一九〇一）の「独立自尊」よりもさらに積極的な立場であったといえるのかもしれません。

一方、⑥を見ますと、円了は哲学を哲学だけの世界にとどめず、法学、工学その他、万般に応用すべきだと説いていたのでした。今日の東洋大学は、一三学部四六学科を擁する総合大学（平成二九年四月現在）となっていますが、それも円了の考えのうちにあったということができるでしょう。ただしそのあらゆる学問分野を、哲学に基礎づける限りにおいてです。

なお、上記④の国際化の推進に関して、もう少し詳しく「広く同窓諸子に告ぐ」に説くところを見ておきますと、

教育部哲学部は単に教育家・宗教家を養成するのみならず、今日の時勢に応じ種々の方面において活動し得る人を養成せんとす。これ正科のほかに随意科を置くゆえんなり。また、内国のみならず外国に出でて働き得るように教授せんとす。意《おも》うに将来我が邦人の働くべき場所は亜米利加と支那・朝鮮なり、故に教育部及び哲学部の第一科は英語を主とし、これに加うるに英語の会話・作文等実用に適切なるものを授け、他日、亜米利加に入りて生活し得る準備をなし、次に第二科は漢文を主とし、これに時文官話を交え、他日、支那・朝鮮に渡りて職業に就くの便利を与えんとす。（同前）

とあります。この時代において、円了は国際社会において活躍できる人財の育成を考えていた

のです。哲学館は、今日盛んにいわれているグローバル人財の育成ということに関して、早くからこのことを自覚・実践していたのです。

（6）東洋大学の名称の由来

井上円了は、明治三七年（一九〇四）四月一日、哲学館大学の開校とともに哲学館大学長に就任しました。哲学館はこのとき、いよいよ大学の呼称を得たのです。しかし円了はその後、間もなく、明治三九年（一九〇六）一月一日、同職を辞し、哲学堂に退隠します。そしてこの年四月からは、修身教会運動のため、全国を巡講することになるのです。

一方、哲学館大学は、円了退任後の明治三九年六月二八日、私立東洋大学と改称されました。実はこの東洋大学の名称は、その一〇年ほど前、明治二九年に、すでに円了によって提唱されていたことでもありました。その前、明治二七年から二八年にかけての日清戦争で、日本は大勝利をあげており、そうした時代の高揚した雰囲気に影響されたのでしょう、円了は明治二九年の「新年のあいさつ」において、従来の哲学館の「日本大学」「日本主義の大学」を実現するという目標の中心は、「東洋大学」の実現にあったことをあらためて説明したのです。次のようです。

西洋各国に東洋学校の設けあり、また各大学に東洋学を専修する学科あることは、余が帰朝の際すでにしばしば世間に報道せしところなればいまさら喋喋を要せざれども、我が邦においては東洋学中の泰斗たる支那の学も印度の学も古来、自然に集まりおるにもかかわらず、今日なお一の東洋学校なくまたこれを計画する者すらあらざるは、余輩の深く怪しみかつ大いに遺憾とするところであります。従来、我が邦にて西洋の学問を修むるには遠く欧米に遊学してその師を尋ぬるが如く、今後は西洋にて東洋の学問を志すものは遠く我が邦に来たりて学を求むるように致したいと思います。

（「謹んで新年を祝し併せて期する所を述ぶ」、『東洋哲学』第二編第一一号、四七〇頁）

ここからすれば、日本の伝統的学問・文化をどこまでも尊重しつつその中に含まれている東洋の学問・文化の研究をも進め、そのことによって世界中から東洋学を学びに来るような大学を創ることが、東洋大学という名称に託された目的であったといえます。東洋大学の原点はここにあることを、我々はもう一度、思い起こす必要があります。日本学・東洋学（中国）・仏教学（インド）などの伝統をさらに振興していきたいものです。そしてこの崇高な志を、今日の東洋大学に存在する東洋学以外のすべての学問分野にも及ぼすべきだと思うのです。今後の東洋大学はあらゆる学問分野において、世界中から若者が学びに集う大学となるべきです。

（7）今日の東洋大学の教育理念

以上、円了が哲学館の運営に関して発信した基本的な文章を、つぶさにたどってきました。哲学館創立者・井上円了の教育理念を総合すると、次のようにまとめられるでしょう。

①「諸学の基礎は哲学にあり」（哲学教育を根本とする）
②「知徳兼全」の人財こそを育成
③「独立自活」の精神を実現
④日本ないし東洋伝統の諸学を重んじる
⑤西洋の諸学に深く学ぶ
⑥実力の養成の強化をはかる
⑦哲学の応用を重んじ、実用性を重んじる

⑧国際化に積極的に対応する
⑨自由開発主義を旨とする（双方向的授業等、アクティブラーニングの実践）
⑩主に教育者等の教育を重視する（草の根リーダーの養成）

現在の東洋大学白山校舎（東洋大学提供）

ところで、現代の若者に、「諸学の基礎は哲学にあり」等の句の意味は、簡単に理解できるものでもありません。そこで私は、井上円了の思想を学生に分かりやすくうけとめてもらうために、平成二二年一月、下記のように整理して示しました。

○建学の精神
「諸学の基礎は哲学にあり」「独立自活」「知徳兼全」
○東洋大学の教育理念
【自分の哲学を持つ】多様な価値観を学習し理解するとともに、自分の哲学（人生観・世界観）を持つ人間を育成する。

【本質に迫って深く考える】先入観や偏見にとらわれず、物事の本質に迫る仕方で、論理的・体系的に深く考える人間を育成する。

【主体的に社会の課題に取り組む】社会の課題に自主的・主体的に取組み、よき人間関係を築いていける人間を育成する。
○東洋大学の心
【他者のために自己を磨く】自分を磨くのは、人々のためにはたらくことができるようになるためであり、そのことを自覚して学業に励むのが東洋大学の心である。

【活動の中で奮闘する】現実社会における活動の中にどこまでも前進してやまないのが、東洋大学の心である。


この中、「他者のために自己を磨く」は、円了最晩年の著書『奮闘哲学』の次の一節に採るものです。

哲学は物心相対の境遇より絶対の真際に論到する学とするは、哲学の向上門である。この向上門の外に更に絶対の域より相対界へ論下する一道があるが、これを仮に向下門と名付けておく。すなわち哲学の応用の方面である。……もし哲学に向上のみありて、向下なきときは、ただ学者が己の知欲を満たすまでの学となり、世道人心の上になんら益するところなきに至り、畢竟無用の長物たるを免れぬ。よって哲学には必ず向上向下の二門を併置しておかねばならぬ。……

……単に哲学そのものよりいえば、向上がその特性とするところにして、これに重きを置くべきものであろうも、もし更に進んでその向上はなんのためかと問わば、向下せんためなりと答えざるを得ない。すなわち向下せんための向上にして、向上門は方便、向下門は目的となるであろう。

（『奮闘哲学』、『選集』第二巻、二三一〜二三五頁）

また、「活動の中で奮闘する」も、『奮闘哲学』の次の一節によるものです。

余は従来、古今東西の哲学者の諸論もその大要だけ一通り研究し、その帰するところ人生の目的は活動に外ならぬと自得し、哲学の目的も人生を向上するに外ならぬと知るし、爾来活動主義をとりて、今日に至るものである。

活動はこれ天の理なり、勇進はこれ天の意なり、奮闘はこれ天の命なり。

これが余の主義である。すなわち吾人の天職はこの活動によりて、人生を向上せしむるにありと自信している。しかしてその向上は一身より始めて一国に及ぼし、一国より世界に及ぼすをもって順序を得たるものとし、何人も国家のために尽瘁せよと唱えている。

（同前、四四二〜四四三頁）

（8）井上円了建学の理念と現代

今日、大学は七年に一度、文部科学省が認証した第三者評価機関の点検・評価（認証評価）を受ける事になっています。本学はその第一回を平成一九年（二〇〇七）に受審しました。第二回は、平成二六年（二〇一四）に受審しています。おそらく、この認証評価受審の過程の中で、私立大学は実際に創立者の建学の理念に基づいた教育活動を展開しているのかどうか、自校教育をどのように行っているのか等が問われた結果、近年、各私立大学ではこのことを強く意識するようになってきています。

東洋大学ではかねてより、「諸学の基礎は哲学にあり」を本学の建学の理念として掲げてきました。さらに松尾友矩元学長の時代に、「知徳兼全」「独立自活」を加えて、この三つの句を本学建学の理念に定めました。ちなみに、「諸学の基礎は哲学にあり」という句は、井上円了自身の言葉ではありません。それは、後の第二二代学長・佐久間鼎が作った言葉だということです。しかしこの句に近いものが円了の著作の中、『哲学一夕話』などに見出されることは、すでに述べました。

また円了は哲学について、「諸芸の根拠となりて、よくこれを統轄し、よくこれをしてその区域を保ち、その位置に安んぜしむるの学」という意義・役割を担うものと示していました。たとえば、自然科学にも物理学・化学・生物学等、いろいろな分野があり、その中でもさらに細分されているでしょう。その細分化された領域の学問に専念しているうちに、それは人間にとってどういう意味があるのか、社会にとってどういう意味があるのか、が見失われてしまうことも少なくありません。それは人間の幸福に役立つといっても、ではその幸福とは何か、どういう意味で幸福なのか、さらに見究めておく必要があるでしょう。その、人間にとっての根本的な意味、さらには人間そのものの意味等をどこまでも探り、掘り下げて、そこから各学問分野の成り立ちを体系的に意味づけるものが哲学という学問であるということなのです。

ただし、この「諸学の基礎は哲学にあり」という句は、「教育理念」としては、必ずしも分かりやすいものでもないでしょう。この句はすでに見たように、本来、さまざまな分野の学問を統括する学問が哲学であるということを意味していると考えられるからです。しかしながら、「諸学」の語を、「諸々の学び」(learnings)と考えれば、さまざまな学問を学んで行く際のもっとも基礎となるのは哲学であるという意味になります。

そもそも、円了のいう「哲学」とは、けっして抽象的、観念的なものではなく、きわめて実践的な活動につながるべきものなのでした。私はこの「哲学」に関して、「哲学史の知識」を学ぶより「哲学すること」を学ぶべきであると考えています。あるいは、常識や流行に安易に従うのでなく、先入観や偏見を越えて、物事の本質に迫って深く掘り下げて考えることが哲学する営みだと訴えています。要は、自分の頭で考え、判断し、行動することであり、そこに主体性の確立も実現することでしょう。今日の高等教育において、もっとも重要視されていることとは、急激な変化に対応して課題を発見したり、問題を解決したりする能力を身につけることといわれます。要は正解のない状況において、自ら解答を導き出すことができる能力がもっとも重要だということです。とすれば、哲学＝哲学することを根本とすることは、今日の高等教育の課題に、まさに合致したものというべきです。

一方、「知徳兼全」「独立自活」の句は、前にみたようにそれぞれ円了に出典があるものです。「知徳兼全」は、知性だけでなく人間として大切な徳性をも身につけることを重視するものですが、これを今日の言葉でいえば、学力と人間力の双方を十全に具えてはじめて国際的な学士の学位に相当する、といわれていることに呼応するものと見ることができます。それゆえ、このことは今日の高等教育の目標そのものにも他なりません。「独立自活」も、今日の高等教育の動向によせていえば、真に主体的な学習態度を形成することにつながるものです。単に講義を受け身的に聴講するのみではなく、予習や事後展開学習にも自主的に取り組み、授業では積極的に参画していく姿勢につながるはずです。すなわち「独立自活」の語は、自学自修の積極的な学びを推進する原動力となるものです。とすれば、「独立自活」は、まさに自学自修の姿勢の確立が求められ、単位の実質化が追求されている今日の高等教育の課題に応えるものです。

なお、かつての哲学館の授業は、教師と学生とが議論しながら真理を探究するようなものであったといいます。それを、自由開発主義の教育と呼んだわけです。その背景に、主体性を発揮しようとする独立自活の精神がなかったとはいえないでしょう。今日、教育の質的転換が求められ、双方向的な授業やアクティブ・ラーニングの重要性が盛んに説かれていますが、哲学館の授業形態はもとよりそのようなものだったのであり、東洋大学はその伝統を引き継いでいるのです。

こうしてみると、井上円了の教育理念は、現代の高等教育の動向をつとに先取りしたものであったことが知られます。

なお、円了の言葉として、「護国愛理」という重要な言葉もあり、この句もかつては本学において重用されてきましたが、今日では誤解されるおそれもあって、あまり用いることなく至っています。しかし前に見たように、この句はけっして政治的なものではなく、文化・学問上のことを内容とするものであり、今日のようなグローバル化・ボーダレス化した時代においては、かえって深い意味を持ちうることを見逃すべきではないでしょう。グローバル人財には、異文化理解・活用力とともに、むしろ自文化理解・発信力こそが欠かせないからです。

ちなみに、円了は三たび、海外視察を敢行したのでしたが、けっして外国かぶれにはなりませんでした。むしろ、欧米の諸外国同様、独立を守るために伝統文化を大切にすべきだと考え、日本・中国・インドの伝統的な思想・学問・文化を統合した日本主義の大学を創るということを考えるほどでした。といって、欧米を排除するのではなく、欧米に学ぶことも大切にし、日本主義と宇宙主義を統合するような立場に立とうとしたのでした。護国愛理の標語の意味も、まさにその趣旨にほかなりません。今日、グローバル化、ボーダレス化しているからといって、ただ英語だけうまくなったとしても、それだけでは真の国際人にはなれません。英語力をふまえたコミュニケーション能力やさまざまな異文化に柔軟に対応しうる異文化理解・活用力は確かに重要ですが、しかしそれらにも増して、自国の文化を深く理解し、他の文化に生きてきた人々にその良い面を説明できる自文化理解・発信力が重要なはずです。その力があってこそ、無国籍者ではない、真の国際人になれるに違いありません。

こうして、井上円了の教育理念は、現代の高等教育の動向に対し、それたり反したりしていないばかりか、むしろその王道を歩むものといって過言ではないでしょう。明治二〇～三〇年代の円了の国際的視野に基づく教育理念は、現代においてもまったく色あせておらず、かえって先端を行っているとさえいえるものです。したがって東洋大学は、井上円了の崇高な理念をあくまでも奉じていくとともに、現代社会に求められている人間力育成重視の教育活動の実現をどこまでも追求していくべきだと思うのです。

以上、現代の地球社会の中での日本の高等教育の課題を確認し、かつ東洋大学の創立者・井上円了の教育理念の今日的意義について少しく考察してみました。東洋大学は、井上円了の教育理念の深さと卓越性をあらためて自覚し、自信を持ってその教育理念の下に教育の質的転換とその転換された質のさらなる向上をめざしていくべきです。そうして、深刻な諸問題が横たわる地球社会の現況にイノベーションを巻き起こしていく大学に成長していくべきでしょう。それは、教育、文化、社会制度等、あらゆる領域に新規の改良を提唱・実践してこの世を生き抜いた井上円了の志を受け継ぐものだと思うのです。

参考文献

一、東洋大学出版物

『井上円了選集』全二五巻、学校法人東洋大学
『東洋大学創立五十年史』、学校法人東洋大学、一九三七年
『東洋大学八十年史』、学校法人東洋大学、一九六七年
『東洋大学百年史』、資料編・通史編、学校法人東洋大学、一九八八年～
『井上円了センター年報』、井上円了記念学術センター、一九九二年～
『国際井上円了研究』、国際井上円了学会、二〇一三年～
『井上円了の教育理念――歴史はそのつど現在が作る』、高木宏夫・三浦節夫（著）、井上円了記念学術センター（編）、学校法人東洋大学、一九八七年第一版発行
『ショートヒストリー　東洋大学』、三浦節夫（著）、井上円了研究学術センター（監修）、学校法人東洋大学、二〇〇〇年第一版発行
『東洋大学史ブックレット』一～一五、井上円了記念学術センター（編）、学校法人東洋大学
一　竹村牧男『井上円了の生涯』、二〇一二年
二　竹村牧男『井上円了の哲学・思想』、二〇一二年

三　竹村牧男『井上円了の教育理念』、二〇一二年
四　三浦節夫『人間・井上円了――エピソードから浮かびあがる創立者の素顔』、二〇一二年
五　柴田隆行『著作を通して見る井上円了の学問』、二〇一二年
六　三浦節夫『井上円了の妖怪学』、二〇一四年
七　白川部達夫『井上円了の全国巡講――旅する創立者　国内編』、二〇一四年
八　渡辺章悟『井上円了の世界旅行――旅する創立者　海外編』、二〇一四年
九　東海林克彦『哲学のテーマパークとしての哲学堂公園――井上円了の哲学の具現化』、二〇一四年
一〇　内田祥士『建築史から見た東洋大学の変遷』、二〇一四年
一一　山田利明『人物で見る東洋大学――東洋大学人物列伝・活躍する出身者』、二〇一五年
一二　谷口房男『東洋大学の歴史――戦前編』、二〇一五年
一三　谷口房男『東洋大学の歴史――戦後編Ⅰ』、二〇一五年
一四　穐山幹夫『東洋大学の歴史――戦後編Ⅱ』、二〇一五年
一五　竹村牧男『東洋大学の現在と未来――国際化を目指して』、二〇一五年

二、関連著作

井上円了『妖怪玄談』、竹村牧男（監修）、大東出版社、二〇一一年
井上円了『現代語訳　仏教活論序論』、佐藤厚（訳）、大東出版社、二〇一二年
板倉聖宣『妖怪博士・円了と妖怪学の展開』、新編妖怪叢書　解説、国書刊行会、一九八三年
小倉竹治『井上円了の思想』、校倉書房、一九八六年
菊地章太『妖怪学講義』、講談社、二〇一〇年
齋藤繁雄編『井上円了と西洋思想』、東洋大学井上円了研究会、一九八八年
清水　乞編『井上円了の学理思想』、東洋大学井上円了研究会、一九八九年
高木宏夫編『井上円了の思想と行動』（創立一〇〇周年記念論文集）、学校法人東洋大学、一九八七年
高木宏夫『井上円了の世界』、東洋大学井上円了記念学術センター、二〇〇五年
田中　聡『怪物科学者の時代』、晶文社、一九九八年
中川理吉編『学祖井上圓了先生略伝・語録』、京北学園、一九四七年
新田幸治他編訳『甫水井上円了漢詩集――『襲常詩稿』『詩冊』『屈蠖詩集』訳注』、三文舎、二〇〇八年

三浦節夫『日本人はなぜ妖怪を畏れるのか――井上円了の「妖怪学講義」』、新人物往来社、二〇一一年
三浦節夫『井上円了と柳田国男の妖怪学』、教育評論社、二〇一三年
三浦節夫『新潟県人物小伝　井上円了』、新潟日報事業社、二〇一四年
三浦節夫『井上円了――日本近代の先駆者の生涯と思想』、教育評論社、二〇一六年
三輪政一編『井上円了先生』、東洋大学校友会、一九一九年（のち伝記叢書一二五、大空社、一九九三年）
宮本正尊『明治仏教の思潮――井上円了の事績』、佼成出版社、一九七五年

三、著者による関係論文

竹村牧男「井上円了の哲学について」、『国際井上円了研究』第一号、国際井上円了学会、二〇一三年
竹村牧男「井上円了の教育理念と東洋大学」、『東洋通信』（通信教育部設置五〇周年記念号）、東洋大学通信教育部、二〇一四年
竹村牧男「近代日本仏教の一場面――井上円了の仏教復興活動について」、『宗教哲学研究』No.34、宗教哲学会、二〇一七年

竹村牧男「井上円了における西洋哲学と仏教の理解について――東京大学における『大乗起信論』の講義等をふまえて」、石井剛主編『『大乗起信論』と主体性：近代東アジア哲学の形成そして論争』、APF Series 4, UTCP-Uehiro Booklet 14, The University of Tokyo Center for Philosophy (UTCP)、二〇一七年

著者紹介

竹村牧男（たけむら・まきお）

1948年東京生まれ。東京大学文学部印度哲学科卒業。文化庁宗務課専門職員、三重大学助教授、筑波大学教授、東洋大学教授を経て、現在、東洋大学学長。専攻は仏教学・宗教哲学。唯識思想研究で博士（文学）。著書に、『唯識三性説の研究』『唯識の構造』『『成唯識論』を読む』『『華厳五教章』を読む』『『大乗起信論』を読む』『〈宗教〉の核心――西田幾多郎と鈴木大拙に学ぶ』『心とはなにか』『華厳とは何か〈新装版〉』（春秋社）、『西田幾多郎と鈴木大拙』『大乗仏教のこころ』（大東出版社）、『入門　哲学としての仏教』（講談社現代新書）、『日本仏教　思想のあゆみ』『親鸞と一遍』（講談社学術文庫）、『般若心経を読みとく』（角川ソフィア文庫）ほか多数。

井上円了――その哲学・思想

2017年10月20日　第1刷発行

著　者＝竹村牧男
発行者＝澤畑吉和
発行所＝株式会社　春秋社
〒101-0021　東京都千代田区外神田2-18-6
電話　03-3255-9611（営業）　03-3255-9614（編集）
振替　00180-6-24861　http://www.shunjusha.co.jp/
装　丁＝伊藤滋章
印刷所＝株式会社　太平印刷社
製本所＝黒柳製本株式会社

ISBN 978-4-393-13598-3　定価はカバー等に表示してあります